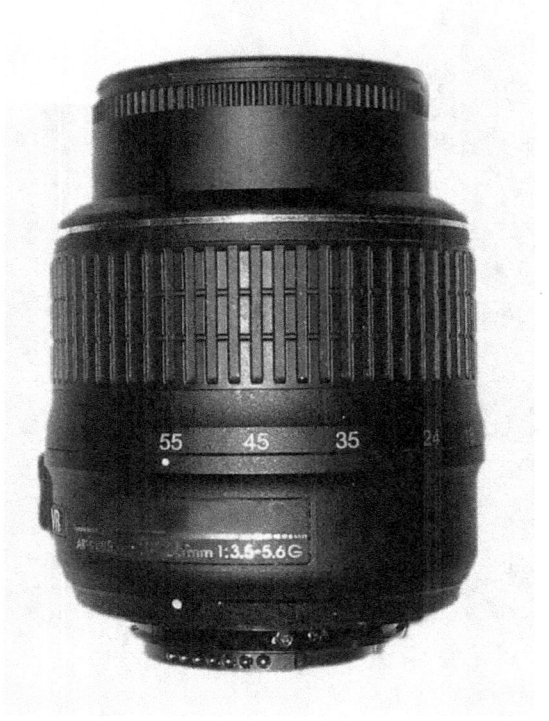

Le stime degli obiettivi fotografici.
Stefano Benedetti - © 2017

Indice

Introduzione

Questo libro è frutto di una ricerca lunga e complessa effettuata in Italia, Europa e America. Abbiamo raccolto decine di milioni di dati e poi li abbiamo elaborati con programmi creati apposta.

L'obiettivo era riuscire a fornire al collezionista, al venditore, all'antiquario e al rivenditore, una valida indicazione del valore di un obiettivo fotografico usato o antico. Quello che forniamo, per ogni obiettivo, è un valore espresso con un intervallo che va dal minimo al massimo riscontrato sul mercato. I minimi e i massimi sono medie ragionate. Questo significa che il valore cercato è quello per un obiettivo funzionante non eccessivamente deteriorato.

Non abbiamo preso in considerazione offerte che corrispondevano a obiettivi fotografici in condizioni di conservazione pessime o comunque talmente deteriorati da essere non utilizzabili. Le stime riportate nel libro sono condizionate, oltre che dallo stato di conservazione, anche dal tipo d'innesto di cui è dotato l'obiettivo perché in molti casi ciò determina una variazione di prezzo rilevante.

Ovviamente le stime non sono personalizzate. Qui non trovate la valutazione del vostro obiettivo fotografico, ma una stima che si riferisce a un obiettivo fotografico uguale al vostro. Soltanto voi conoscete il reale stato di conservazione del vostro obiettivo fotografico e quindi soltanto voi potete decidere se il suo valore è più vicino alla minima quotazione o alla massima. Per questo motivo non assumiamo alcuna responsabilità che potrebbe derivare dall'uso di questo libro.

Il libro è organizzato in tabelle dove possono comparire, insieme con altre informazioni, anche delle abbreviazioni.
Riportiamo all'inizio del libro l'elenco delle abbreviazioni usate e il loro significato. Le abbreviazioni usate sono normalmente utilizzate sia dai produttori sia dai fotografi. Riportiamo anche abbreviazioni usate da una marca specifica affinché l'identificazione dell'obiettivo fotografico sia certa.

Le tabelle, contenenti i dati, sono suddivise per produttore e i modelli ordinati alfabeticamente dalla A alla Z. Il secondo ordinamento della tabella è in base alla focale. Dall'indice potete accedere direttamente alla marca che v'interessa.

Ogni tabella ha cinque colonne.
Nella prima colonna sono riportati il modello dell'obiettivo e qualunque informazione che possa permettere la sua identificazione. Se compare l'anno, significa che la valutazione è riferita al modello prodotto in quel periodo. Potrebbero comparire delle descrizioni. Questo fatto capita soprattutto quando l'obiettivo è antico. Ad esempio, gli obiettivi in ottone usati per la dagherrotipia spesso non erano neppure marcati.

Nella seconda colonna è riportata la lunghezza focale dell'obiettivo fotografico. Se compare, un solo numero significa che l'obiettivo fotografico è del tipo con focale fissa e il valore è quello indicato. Se compaiono due numeri, significa che la lunghezza focale è variabile (zoom). La lunghezza focale è espressa in millimetri. La lunghezza focale, in casi rari, potrebbe non comparire. Questo potrebbe verificarsi per obiettivi antichi non marcati con la focale o per obiettivi per la proiezione delle diapositive.

Nella terza colonna è indicata la luminosità massima dell'obiettivo fotografico espressa con i numeri standard internazionali f. Tanto più è grande questo numero, tanto è minore la luminosità dell'obiettivo. Nel caso di zoom compaiono, di solito, due numeri che indicano la luminosità massima secondo la focale impostata sullo zoom.

Nella quarta colonna, è indicato il tipo d'innesto che connette l'obiettivo alla fotocamera.
Riportiamo all'inizio l'elenco i tipi d'innesto più comuni e il loro significato. Qualora l'innesto non sia segnalato, significa che non influenza in maniera significativa il prezzo. Poiché molti produttori di obiettivi sono anche di fotocamere, l'innesto potrebbe non essere indicato quando i due marchi coincidono.

Nell'ultima colonna è riportata la valutazione espressa in Euro. La valutazione è sempre fornita con due numeri e indica l'oscillazione riscontrata tra le valutazioni attendibili esaminate.

Questo libro v'indica già un range entro quale dovrebbe rientrare l'obiettivo che avete deciso di acquistare. Qualora questa nostra valutazione sia molto discordante dall'offerta che state esaminando, tenete conto che, secondo del mercato su cui state acquistando, possono esserci variazioni significative. Le nostre sono valutazioni medie a livello globale, ma è evidente che noi abbiamo tenuto conto per ogni mercato delle maggiori offerte presenti. Ad esempio, per un obiettivo come il Goerz, le offerte sono quasi inesistenti in Italia quindi il loro peso nel calcolo è minore di quelle provenienti da altri mercati. Le nostre valutazioni sono quindi ponderate in funzione delle offerte presenti sul mercato.

Guida all'acquisto

Obiettivi meccanici

La prima cosa è da osservare con attenzione: il prezzo.

Ci sono due casi che possono destare sospetti: un prezzo troppo basso rispetto alla media delle offerte oppure uno troppo alto.

Nel primo caso è evidente che l'obiettivo ha delle gravi pecche non dichiarate. Durante la nostra ricerca abbiamo trovato, ad esempio, un'offerta media per un obiettivo di circa 200 € e poi una che offriva lo stesso obiettivo a 9 €. È chiaro che presupponendo che la maggior parte degli offerenti non è disonesta, risulta che l'offerta a 9 € nasconde qualcosa di non dichiarato.

Il prezzo troppo alto ugualmente desta sospetti. Un obiettivo in ottime condizioni se mediamente raggiunge una certa quotazione, non è possibile che ne esista uno uguale che vale dieci volte di più. Abbiamo trovato un obiettivo che mediamente raggiungeva la quotazione di 600 € e poi un'offerta per lo stesso di 6800 €. Ovviamente nei nostri calcoli del range del prezzo di ogni obiettivo non abbiamo tenuto in conto tali offerte.

La seconda attenzione che dovete porre è di effettuare un acquisto con la possibilità di rendere la merce qualora da un utilizzo dell'obiettivo risultasse che non funziona correttamente. Piccoli danni interni impercettibili anche a un esame attento potrebbero inficiare la qualità dell'immagine.

Prima di acquistare un obiettivo dovete fare questi controlli:

1) Controllare che le lenti non presentino graffi, rigature o abrasioni di qualsiasi genere.

2) La ghiera dei diaframmi, nel caso sia presente, deve funzionare correttamente, quindi l'iride deve chiudersi in maniera progressiva e senza intoppi.

3) Verificare che lo strato anti riflessi, qualora presente, non sia scolorito in alcune zone o presenti non uniformità.

4) La ghiera di messa a fuoco deve essere morbida, non deve offrire un'eccessiva resistenza, ma neppure essere completamente sciolta.

5) La scala metrica e la profondità di campo come il riferimento per la messa a fuoco agli infrarossi, se presenti, devono essere al loro posto. Per verificare girate la messa a fuoco fino a che si blocchi dalla parte dell'infinito, il fine corsa deve coincidere col simbolo. Se avete possibilità di provarlo su un corpo macchina verificate che quando mettete a fuoco su una distanza questa coincida con la scala metrica.

6) Verificate che il corpo dell'obiettivo non presenti ammaccature, abrasioni gravi o altro che possa far supporre che abbia subito gravi urti. Un certo logorio è normale nell'uso di un obiettivo, quindi non è questo che inficia l'acquisto, ma tutto ciò che potrebbe aver compromesso la meccanica.

7) Verificate che l'attacco sia consono con quello della fotocamera su cui lo monterete. Verificate anche che lo zoccolo non sia eccessivamente consumato o ammaccato.
8) Verificate, qualora esista, che la filettatura per montare filtri davanti all'obiettivo sia integra.
9) Verificate, inclinando in diverse posizioni l'obiettivo rispetto alla luce incidente, che all'interno non ci siano bolle d'aria, condense di umidità o altro.

Se avete la possibilità di scattare qualche foto prima di acquistarlo, allora procedete nel modo seguente. Se è un grandangolo, ponete tre matite in posizione eretta a distanza di 1,5 metri una dall'altra. La prima matita la metterete alla distanza minima di messa a fuoco dell'obiettivo che leggete sulla scala metrica. Se questa non è presente regolatevi in base alla focale dichiarata. Nel caso di un grandangolo spinto, potete mettere la matita anche a 50 cm, se è un medio grandangolo a 80 cm, se un grandangolo a 1 metro.

Nel caso di un obiettivo normale la prima matita mettetela a distanza di 1 metro e poi le altre distanziate di 2 metri una dall'altra.

Nel caso di un medio teleobiettivo, ponete la prima a 2 metri e le successive distanziate di 2,5 metri. In caso di teleobiettivi medi e spinti vi conviene fare le foto su un viale alberato dove gli alberi fanno la funzione delle matite.

In tutti questi casi, scattate una foto per ogni distanza e per ogni diaframma, ad esempio, 1 metro f/8, 1 metro f/11, 1 metro f/16 e così via.

Potrete così verificare non solo se l'obiettivo presenta vignettature, macchie o altri offuscamenti, ma anche la profondità di campo e il corretto funzionamento dei diaframmi.

Se potete provarlo prima di acquistarlo, ci sono altri sistemi per determinare la qualità di un obiettivo.

Il sistema migliore è quello di utilizzare una mira ottica come quella che vedete nella figura.

La mira ottica è, quasi sempre, composta da linee affiancate a una distanza standardizzata e fornisce informazioni sulla nitidezza del sistema con cui avete fatto la ripresa. Quindi fotocamera + pellicola + obiettivo + trattamento della pellicola. Tranne la qualità dell'obiettivo che volete acquistare, gli altri parametri li conoscete perché usate la fotocamera da tempo.

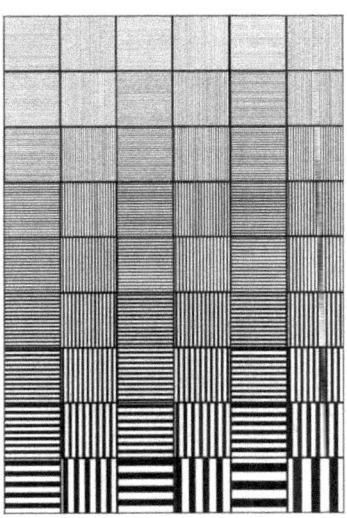

Fissate la mira ottica in un punto illuminato in maniera uniforme e la fotocamera con l'obiettivo su un treppiede.

Regolate la posizione del treppiede in maniera tale che l'obiettivo sia centrato e perpendicolare alla mira ottica. Scattate varie fotografie con diversi valori di diaframma. Sviluppate o fate trattare la pellicola col sistema consueto che usate e stampate le foto.

Il numero di linee per millimetro che appaiono nitide indica la risoluzione del sistema. Ad esempio, 3 linee/mm – 10 linee/mmm e così via. Per avere le idee più chiare potete ripetere il procedimento con un obiettivo che già possedete e che vi fornisce immagini che vi soddisfano. Confrontando la nitidezza ottenuta con il vostro obiettivo e quello nuovo e avrete un'idea più precisa sulla qualità dell'obiettivo che intendete acquistare.

Un altro sistema per vedere velocemente se ci sono difetti gravi nell'obiettivo, è il seguente. Montate l'obiettivo sulla fotocamera.

Ponete la macchina in controluce. Aprite il dorso della fotocamera. Impostate sul selettore dei tempi la posa B. Impostate il diaframma. Tenete premuto il pulsante di scatto. L'otturatore resterà aperta per tutto il tempo che terrete il pulsante di scatto premuto. Potrete così osservare se le lamelle del diaframma presentano difetti gravi o se nel sistema ottico ci sono appannamenti gravi.

Obiettivi elettronici e digitali

L'ingresso dell'elettronica nella fotografia ha portato all'automazione di molte funzioni.

Le procedure quindi, anche se teoricamente valide, a volte non potrebbero essere realizzabili. Ad esempio, l'apertura del dorso della fotocamera digitale per vedere, attraverso l'obiettivo, le lamelle non è possibile. Le automazioni, a volte disinseribili, riguardano soprattutto la messa a fuoco che è diventata automatica. La ghiera dei diaframmi spesso è stata soppressa perché la macchina pilota il sistema elettronicamente.

Spesso non compare più la scala metrica con le relative profondità di campo o il riferimento per la fotografia all'infrarosso.

In questi casi, adattate i nostri consigli alla situazione applicando tutti quelli possibili.

Tenete sempre conto che la situazione migliore per l'acquisto, è poter fare una serie di foto prima di comprare l'obiettivo.

Identificazione delle parti di un obiettivo

Ghiera della messa a fuoco

Scale metriche

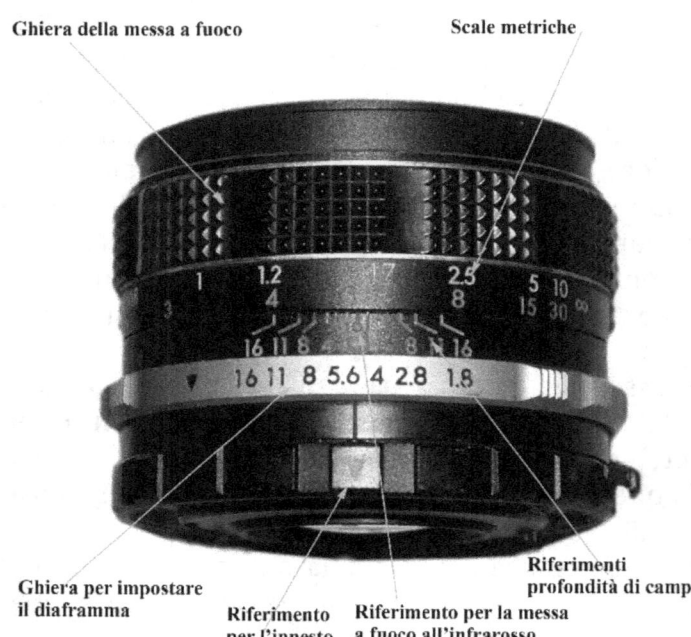

Ghiera per impostare
il diaframma

Riferimento
per l'innesto

Riferimento per la messa
a fuoco all'infrarosso

Riferimenti
profondità di campo

Abbreviazioni

Qualsiasi obiettivo fotografico

Af = autofocus.

Anast. = anastigmatico.

Apo = lenti apocromatiche.

Anam = lenti anamorfiche.

As = lenti asferiche.

Lf = grande formato.

Pe = ingranditore fotografico.

Macro = obiettivo per macrofotografia.

Mc = multi coating.

Mf = fuoco manuale.

Canon

Do = (diffractive optics) è un obiettivo che ha elementi diffrattivi.

Ef = indica la compatibilità solo con il formato Full-Frame o Aps-C.

Ef-S = indica la compatibilità solo con il formato Aps-C.

Emd = electro magnetic diaphragm.

Is = è dotato di uno stabilizzatore d'immagine.

L = lusso.

Macro = obiettivo per macrofotografia.

Mp-E = è un obiettivo macro il cui rapporto di riproduzione è maggiore di 1:1.

Numero Romano (tipo I, II, III...) = il numero romano indica la versione.

Sf = (soft focus) è un obiettivo in cui può essere controllato l'effetto flou con un apposito selettore.

Stm = stepping motor technology.

Ts-E = (tilt & shift electronic) l'obiettivo frontalmente può basculare riducendo così l'effetto delle line cadenti.

Ud = (ultralow dispersion) sono ottiche con lenti che riducono le aberrazioni cromatiche.

Usm = (ultra sonic motor) – l'obiettivo ha un motore interno a ultrasuoni veloce e silenzioso.

Fujifilm

Ois = sistema di stabilizzazione.

Wr = resistente agli agenti atmosferici.

Lm = il tipo di motore è lineare.

R = indica la ghiera dei diaframmi.

Apd = ha elementi ottici apodizzati.

Leica

Apo = obiettivo apocromatico.

Asph = obiettivo con lenti asferiche.

Cs = (central shutter) obiettivo con otturatore centrale.

Ed = (extra dispersion) un obiettivo con una o più lentiche riducono le aberrazioni cromatiche.

Ois = (optical image stabilizer) obiettivo dotato di stabilizzatore dell'immagine.

Vario =indica un obiettivo zoom.

X =è un obiettivo top della gamma.

Nikon

Af = autofocus.

AI = (automatic indexing) obiettivo che comunica alla fotocamera il diaframma impostato.

AI - S = stessa comunicazione dell' AI e anche con la comunicazione della lunghezza focale.

Af-D = autofocus che informa il flash sulla distanza del soggetto dalla fotocamera.

Af-S = autofocus con motore a ultrasuoni silenzioso.

Asph o Asp o As = lenti asferiche.

Crc = (close range correction) obiettivo con messa a fuoco con correzione delle aberrazioni nelle riprese ravvicinate.

Dc = (defocus control) obiettivo con controllo del flou

D = distanza (l'obiettivo provvede alle informazioni sulla distanza).

Dx = obiettivi per fotocamere con formato Aps-C.

Ed = (extra low dispersion) gli elementi dell'ottica sono a bassa dispersione per aumentare la nitidezza.

FX = ottiche specifiche per il Full-frame, però anche l'APS-C può utilizzarle.

G = senza ghiera dell'apertura del diaframma.

If o Rf = (internal focus) l'obiettivo mette a fuoco spostando il gruppo posteriore.

Micro = è un obiettivo macro che raggiungono il rapporto di riproduzione 1:1.

N = (nano-crystal coating) è uno speciale trattamento antiriflessi a multistrato realizzato con nanocristalli.

Pc = obiettivo decentrabile.

Pf = con il componente Phase Fresnel.

Pre AI = obiettivo che comunica ulla alla fotocamera.

Rd = rear focusing.

Sic = (super integrated coating) il trattamento antiriflessi è del tipo a multistrato.

Swm = (silent wave motor) obiettivo con motore a ultrasuoni silenzioso e veloce.

Vr = (vibration reduction) ottica con stabilizzatore dell'immagine.

Olympus

Ed = (extra low dispersion) gli elementi dell'ottica sono a bassa dispersione per aumentare la nitidezza.

Swd = (supersonic wave drive) obiettivo con motore a ultrasuoni silenzioso e veloce.

Numero Romano (tipo I, II, III) = indica la versione.

Pro = obiettivo di qualità alta.

Digital = ottiche adatte al formato 4/3.

Pentax

Al = lenti asferiche.

Da = compatibile con il sensore Aps-C.

D-Fa = compatibile con il sensore Full-Frame.

Ed = (extra low dispersion) gli elementi dell'ottica sono a bassa dispersione per aumentare la nitidezza.

Fa o F = compatibile con il sensore Full-Frame e ha la ghiera aperture, anche se nata per la pellicola.

Faj = come Fa, ma non ha la ghiera dei diaframmi.

If = (internal focus) obiettivo che mette a fuoco spostando il gruppo di lenti posteriore.

Limited = obiettivi costruiti in quantità limitata.

Qs = obiettivo in cui si può mettere a fuoco manualmente senza disinserire l'autofocus.

Smc = (super multi-coating) obiettivo con multistrato antiriflessi.

Sdm = obiettivo con motore ultrasonico.

Wr = resistente agli agenti atmosferici.

Samyang

Umc = obiettivo con strato antiriflessi.

As = obiettivi con lenti asferiche.

Hr: la lente ha un indice di rifrazione elevato.

Ed = (extra low dispersion) gli elementi dell'ottica sono a bassa dispersione per aumentare la nitidezza.

If = (internal focus) obiettivo che mette a fuoco spostando il gruppo di lenti posteriore.

Cs = (cropped sensor).

Sigma

A = arte.

Apo = obiettivo con lenti apocromatiche.

Asp o Aspherical = obiettivo con lenti asferiche.

C = contemporaneo.

Conv = utilizzabile con moltiplicatore Sigmat e termicamente stabile.

Dc = compatibile con il formato Aps-C.

Dg = compatibile con il formato Full-Frame.

Exx o Ex = indica un obiettivo di qualità professionale.

Hsm = (hyper-sonic motor) obiettivo con motore a ultrasuoni veloce e silenzioso.

If = (internal focus) obiettivo che mette a fuoco spostando il gruppo di lenti posteriore.

Os = obiettivo con stabilizzatore ottico

Rf = (internal focus) obiettivo che mette a fuoco spostando il gruppo di lenti posteriore.

S = sport.

Sld = obiettivo con lenti a bassa dispersione per la correzione delle aberrazioni cromatiche.

Sony

Dt = obiettivo per il formato Aps-C.

Ed = lenti a bassa dispersione per la correzione dell'aberrazione cromatica.

G = serie professionale.

M = obiettivo per macrofotografia.

Sal = indica obiettivi adatti al sistema Sony Alpha.

Ssm = obiettivo con motore di messa a fuoco a ultrasuoni.

Stf = obiettivo con il controllo dell'effetto flou, simile a Dc della Nikon.

Z = obiettivi prodotti da Zeiss.

Tamron

Ad = (anomalous dispersion) obiettivo grandangolare con lenti normali e bassa dispersione per la correzione cromatica laterale.

Af = autofocus.

Asp o Asl o Aspherical = lenti asferiche.

Di = (digitally integrated design) obiettivo per il formato Full Frame.

Di-II = (digitally integrated design) obiettivo per il formato Aps-C.

Fec = filter effect control.

Hid = obiettivo zoom con correzione della dispersion e dell'aberrazione cromatica.

If = (internal focusing) la messa a fuoco è realizzata con lo spostamento del gruppo posteriore.

Ld = (low dispersion) lenti a bassa dispersion per la correzione cromatica.

Pzd = piezo drive.

Sp = (super performance) obiettivo professionale.

Usd = (ultrasonic silent drive) obiettivo con motore a ultrasuoni.

Vc = compensazione delle vibrazioni.

Xr = (extra refractive index glass) tecnologia che permette di ridurre il diametro della lente e la lunghezza dell'obiettivo con la stessa apertura massima del diaframma.

.

Tokina

At- X = (advance technology extra) obiettivo professionale.

At – X Pro = advance technology extra professional.

As = obiettivo asferico.

D o Fx = obiettivo per il formato Full Frame.

Dx o Sd = obiettivo per il formato Aps-C.

Fc = focus clutch mechanism.

Fe = floating element system.

If = (internal focus system) la messa a fuoco è realizzata con lo spostamento del gruppo posteriore.

Mc = multi-coating.

Sd = super low dispersion.

Silent Dc: obiettivo con motore interno a ultrasuoni.

Sld o Hld: obiettivo, a bassa dispersione per la correzione dell'aberrazione cromatica

Zeiss

T* o T = obiettivo con strati antiriflesso tipo T*.

Za = Autofocus per Sony Alpha.

Ze = obiettivi con messa a fuoco manuale per Canon.

Zf= obiettivi con messa a fuoco manuale per Nikon.

Zk = obiettivi con messa a fuoco manuale per Pentax K.

Zm = obiettivi con messa a fuoco manuale per Zeiss Ikon.

Zs = obiettivi con messa a fuoco manuale attacco M42

Abbreviazioni Speciali

Ar o Ar Mount o Konica Ar = attacco a baionetta Konica.

D o D Mount = filettatura di 15,88 mm.

F o F Mount o Nikon F = tipo di baionetta creata per le fotocamere Nikon o per obiettivi compatibili.

F o F Mount o Konica F Mount = non è uguale all'attacco Nikon F, questa baionetta ha un diametro di 40 mm.

M Mount o Leica M Mount = è un tipo di baionetta introdotto dalla Leica con un diametro di 44 mm.

M37 = passo a vite di 37 mm di diametro e passo di 1 mm.

M39 = passo a vite di 39 mm di diametro e passo di 1 mm.

M42 = passo a vite di 42 mm di diametro e passo di 1 mm.

Pl = Baionetta sviluppata da Arri.

Projector = questa parola indica un obiettivo per proiettori (di solito per diapositive).

R Mount o Leica R Mount = è un tipo di baionetta introdotta dalla Leica con flangia di 47 mm.

T2 = passo a vite di 42 mm (draw = 55 mm).

ZA = innesto Sony Alpha, Konica-Minolta A.

Acall

Modello	Focale	f	Attacco	€
Acall	80	----	----	50-70
Acall	135	3,5	Exacta	140-180
Acall	135	3,5	Nikon	160-200
Acall	135	3,5	Leica	170-220

Agfa

Modello	Focale	f	Attacco	€
Agfa Apotar	85	4,5	M42	45-65
Agfa Color	45	2,8	Sony	70-90
Agfa Color Agolon	90	2,5	----	160-210
Agfa Color Ambion	35	4	----	25-40
Agfa Color Apotar	45	2,8	Sony	65-100
Agfa Color Mc	28	2,8	Pentax	90-120
Agfa Color Mc	50	1,4	----	70-120
Agfa Color Solinar	50	2,8	----	20-40
Agfa Color Telinar	90	4	----	70-100
Agfa Color Telinar	135	4	----	70-100
Agfa Colostar	105	4,5	Laboratori	55-85
Agfa Colostar N	60	4,5	-----	55-85
Agfa Magnolar	50	2,8	Ingranditore	35-65
Agfa Magnolar	80	5,6	F	45-70
Agfa Magnolar	105	4,5	40 mm	120-160
Agfa Monaco	105	4,5	40 mm	140-180
Agfa Ocellar	50	----	Projector	30-45
Agfa Repromaster	135	9	----	75-120
Agfa Repromaster	150	9	----	55-90
Agfa Repromaster	210	9	----	55-90
Agfa Repromaster	213	9,25	----	55-100
Agfa Repromaster	240	9,5	----	100-150
Agfa Solinar	85	4,5	Sony	70-100

Modello	Focale	f	Attacco	€
Agfa Super Intergon	210	9	----	50-75
Agfa Super Intergon	305	9	Lf	110-150
Agfa Super Macro	fisheye	---	Canon-Nikon	25-50
Agfa Telinear	90	4	----	55-90
Agfa Telinear	103	6,3	----	25-45
Agfa Variostar	6-60	1,8	----	30-60

Aicar

Modello	Focale	f	Attacco	€
Aicar	135	2,8	Canon	40-80
Aicar Auto Mc	80-205	4,5	Pentax Pk	28-50

Albinar

Modello	Focale	f	Attacco	€
Albinar	70-230	4,5	Minolta	40-60
Albinar	35-70	3,5	----	40-60
Albinar	6,5	3,5	Canon	120-160
Albinar	8	3,5	Nikon	125-165
Albinar	135	2,8	Minolta	45-70
Albinar	500	8	----	70-110
Albinar Adc	28-85	3,5-4,5	Canon	40-60
Albinar Adg	75-300	5,6	Canon	35-65
Albinar Adg	80-200	3,9	Nikon	25-50
Albinar Adg	28-80	3,5-4,5	Minolta	25-45
Albinar Adg Macro	75-200	4,5	Minolta	25-50
Albinar Auto	35	2,8	M42	35-65
Albinar Macro	75-300	5,6	Contax	28-45
Albinar Mc	28	2,8	Contax	28-45
Albinar Mc	28	2,8	Canon	20-40

Modello	Focale	f	Attacco	€
Albinar Mf	28-50	3,5-4,5	Pentax	20-40
Albinar Sc	85-200	4	Pentax	25-50
Albinar Telephoto	500-1000	----	Sony	95-140
Albinar Telephoto	135	4,5	---	45-65
Super Albinar	75-205	4	Minolta	25-45
Super Albinar	75-150	3,8	Minolta	25-40
Super Albinar	35-75	3,5-4,8	----	35-60
Super Albinar	38-70	3,5	Canon	25-45
Super Albinar Auto	135	2,8	52mm	45-60
Super Albinar Auto	135	3,5	----	40-55
Super Albinar Auto Sc	28	2,8	Minolta	28-45
Super Albinar Mc	75-300	5,6	Contax	25-50
Super Albinar Mc	80-200	3,8	Pentax	29-45
Super Albinar Mc	80-200	3,5	Minolta	65-85
Super Telephoto	420-800	8,3-16	Canon	90-140
Super Telephoto	300	6,3	Sony	45-75

Amar

Modello	Focale	f	Attacco	€
Amar	55	----	----	40-60
Amar	55	4,5	M42	20-40
Amar	105	4,5	----	28-50

Angénieux

Modello	Focale	f	Attacco	€
Angenieux	25-250	3,2	----	450-550
Angenieux	25-250	3,2	Nikon	2800-3600
Angenieux	18-180	----	Arriflex	4200-5500
Angenieux	10-150	----	Arriflex	800-1200
Angenieux	10-150	2-2,8	----	80-120

Modello	Focale	f	Attacco	€
Angenieux	15-150	2,8	Cine 16	1400-2000
Angenieux	7,3-139	1,8	-----	5000-6000
Angenieux	12-120	----	C/Cine	750-1200
Angenieux	20-120	----	Arriflex	4000-5000
Angenieux	9,5-95	2,2	----	700-1200
Angenieux	8-64	1,9	Cine	180-250
Angenieux	17-68	2,2	C	200-280
Angenieux	45-90	2,8	Leica R	1150-2200
Angenieux	35-70	2,5-3,3	Leica R	800-1000
Angenieux	35-70	2,5-3,3	Nikon	650-750
Angenieux	7,5-35	1,8	Pentax	85-140
Angenieux	70/210	3,5	Nikon	500-700
Angenieux	5,9	----	Arriflex	1000-1500
Angenieux	5,9	1,8	Cine 16	380-460
Angenieux	15	----	C	200-400
Angenieux	24	3,5	----	800-1200
Angenieux	28	3,5	Canon	400-500
Angenieux	35	2,5	Leica	1500-2200
Angenieux	35	2,5	Exacta	500-650
Angenieux	45	0,95	C	300-400
Angenieux	50	2,9	Leica M	1200-1600
Angenieux	80	1,8	----	1500-2000
Angenieux	100	2,5	Bolex C	6000-10000*
Angenieux	100	3,5	Sony	180-250
Angenieux	135	2,5	Exacta	900-1200
Angenieux	180	2,3	Canon Eos	3200-4000
Angenieux	200	2,8	Canon Fd	1400-1800
Angénieux	25-250	3,5	Nikon	3500-4500
Angénieux	10-150	2-2,8	----	160-240
Angénieux	10-150	2-2,8	----	160-240
Angénieux	12-120	2,2	----	140-180
Angénieux	12-120	2,2	CPR	600-800

Modello	Focale	f	Attacco	€
Angénieux	35	3,5	M39	2800-3600
Angenieux Anast.	100	4,5	----	70-110
Angénieux Macro	70-210	3,5	Leica R	800-1000
Angénieux P1	90	1,8	M39	6500-8000 *
Angénieux S21	50	1,5	Exakta	8000-10000 *
Macro	6-90	1,4	Cine	560-650
Optimo Dp	16-42	2,8	----	10000-14000*
Retrofocus	10	1,8	C	50-80

* Nota: prezzi soggetti a forti oscillazioni nel tempo

Arco

Modello	Focale	f	Attacco	€
Arco	135	3,8	Leica	35-60
Arco Cine	38	1,8	D	40-60
Arco Cine	65	1,4	D	45-70
Cine	13	1,8	D	28-45
Cine S	13	1,4	D	20-40
Cine T	38	1,4	D	45-85
Colinar	135	3,8	M39	70-100
Tele Colinar	135	3,5	Exc	40-70

Argus

Modello	Focale	f	Attacco	€
Argus	50	2,8	Sony	70-100
Argus	50	3,5	----	20-35
Cintagon	35	4,5	----	25-40
Videotar	25	1,9	C	85-125

Arsat

Modello	Focale	f	Attacco	€
Arsat	80-200	4,5	M42	120-150
Arsat	30	3,5	Pentacon	220-260
Arsat	35	2,8	Nikon Ai	140-160
Arsat	50	1,4	Nikon	200-240
Arsat	50	2	Nikon	45-65
Arsat	80	2,8	Pentacon	75-95
Arsat	250	3,5	Kiev	55-85
Mc	35	2,8	Nikon	220-260
Mc Telear	250	5,6	Kiev	65-90

Astro Berlin

Modello	Focale	f	Attacco	€
Askania	900	4,5	----	1000-1200
Astan	135	3,5	M39	900-1200
Astran (prototipo)	47	2,9	----	400-600
Fernbildlinse	150	5	C	180-240
Fernbildlinse	300	5	Arriflex	150-220
Fernbildlinse	300	5	M39	450-550
Fernbildlinse	300	5	Contax	400-450
Fernbildlinse	400	5	M39	750-850
Fernbildlinse	1000	6,3	C	2200-2600
Gauss-Tachar	25	2	----	470-540
Gauss-Tachar	100	2	----	1500-1800
Kino IV	65	1,5	----	100-140
Kino VII	85	1,4	M39	5000-6000
Military	180	2,3	M39	1400-1900
Pan-Tachar	28	2,3	----	550-650
Pan-Tachar	35	2,3	----	470-520
Pan-Tachar	40	3,5	----	450-550
Pan-Tachar	50	1,8	Contax	1800-2500

Modello	Focale	f	Attacco	€
Pan-Tachar	50	2,3	Leica M	600-800
Pan-Tachar	75	1,8	----	1200-1600
Pan-Tachar	75	2,3	Contax	800-1000
Pan-Tachar	100	1,8	----	1700-2000
Pan-Tachar	100	2,3	M39	1200-1500
Pan-Tachar	125	2,3	Leica	2800-3700
Pan-Tachar	150	1,8	----	1200-1400
Pan-Tachar	150	2,3	----	800-1000
Pan-Tachar	150	2,3	----	1200-1400
Pan-Tachar	200	2,3	----	900-1200
Pan-Tachar	300	4,5	----	450-550
Portrait	150	2,3	M39	1800-2400
Tachar	75	2,3	M39	700-900
Tacharett	25	1,5	----	900-1400
Tachon	35	0,95	C	550-700
Tasman	140	1,5	----	4200-4800
Telastan	500	3,5	C	400-450
Tv Tachar (cine)	50	1,5	----	2600-2900

Avanar

Modello	Focale	f	Attacco	€
Avanar	75-205	3,5	Minolta	40-60
Avanar	70-140	3,8	Canon Fd	45-65
Avanar	28	2,8	Nikon	70-120
Avanar	28	2,8	Contax	40-60
Avanar	135	2,8	Canon	30-50
Avanar	135	2,8	M42	20-40
Avanar	200	3,5	Nikon F	55-75
Avanar	200	3,5	M42	35-55
Avanar Mc	28	2,8	Yashica	30-45

Baush & Lomb

Modello	€
In ottone –New York Rochester	100-250
In ottone verniciato nero –New York Rochester	200-280
In ottone con piastra e otturatore	180-250
Zeiss Protar Serie V	400-500

Beaud & Wallon

Modello	€
Lenti Petzval per dagherrotipia	1500-2000

Bell & Howell

Modello	Focale	f	Attacco	€
Bell & Howell	75-260	4	M42	35-55
Bell & Howell	17-68	2,2	----	450-550
Bell & Howell	35-65	1,6	Projector	55-85
Bell & Howell	15-20	1,4	Projector	29-45
Bell & Howell	10	1,8	----	80-120
Bell & Howell	15	1,3	C	350-450
Bell & Howell	20	2,5	----	20-40
Bell & Howell	24	1,6	Projector	20-40
Bell & Howell	24	2,8	Nikon	60-90
Bell & Howell	24	2,8	Olympus	35-55
Bell & Howell	25	1,9	----	60-85
Bell & Howell	38	----	Projector	45-80
Bell & Howell	48	3,5	C	45-60
Bell & Howell	50	1,4	Canon	90-130
Bell & Howell	50	2	Projector	20-40
Bell & Howell	50	3,5	C	80-120
Bell & Howell	51	1,2	Projector	60-90
Bell & Howell	55	1,4	Canon	65-85

Modello	Focale	f	Attacco	€
Bell & Howell	64	1,6	Projector	40-60
Bell & Howell	64	1,6	Projector	80-110
Bell & Howell	75	4	C	80-120
Bell & Howell	102	4,5	C	270-320
Bell & Howell	135	2,8	----	65-95
Bell & Howell	150	4,5	----	270-320
Bell & Howell	200	4	Canon	29-45
Filmovara	----	----	Projector	30-50
Macro	85-300	5	----	20-40
Macro	80-205	4,5	----	25-40
Macro	70-150	3,5-4,5	----	40-60
Macro	35-70	3,5-4,5	Pentax	20-40
Super D Proval	48	1,4	----	20-40

Beroflex

Modello	Focale	f	Attacco	€
Auto Mc Macro	75-200	4,5	Minolta	32-55
Beroflex	75-235	4,5	M42	65-85
Beroflex	80-200	5,6	Yashica	35-45
Beroflex	35-70	3,5-4,5	Praktica	29-50
Beroflex	35	2,8	M42	20-35
Beroflex	50	2,8	M42	20-40
Beroflex	135	2,8	M42	25-40
Beroflex	300	5,6	M42	45-60
Beroflex	400	6,3	T2	65-85
Beroflex	500	8	----	75-100
Beroflex Auto	75-235	4,5	M42	55-80
Beroflex Auto	28	2,8	M42	20-40
Beroflex Auto	28	2,8	M42	55-80
Beroflex Auto	28	2,8	Minolta	65-95
Beroflex Mc	28-200	23,8-5,5	Pentax	25-45
Mc Auto	28	2,8	Cnon	29-55
Mc Auto	135	2,8	M42	25-45
Mc Pb	80-200	3,9	Praktica	25-45

Boyer

Modello	Focale	f	Attacco	€
Jada	60	1,6	----	3000-4000
Paris	85	4,5	----	140-170
Paris	120	6,3	----	50-80
Paris B Saphir	50	3,5	--—	210-280
Paris Beryl	135	6,8	--—	200-260
Paris Beryl	180	6,8	--—	140-165
Paris Beryl	210	6,8	----	250-350
Paris Onyx	100	2,8	Hasselblad	700-780
Paris Saphir	40	3,5		200-225
Paris Saphir	110	4,5	----	180-220
Paris Saphir	190	4,5	----	50-70
Paris Saphir	210	4,5	----	160-200
Paris Saphir Apo	300	9	----	800-1000
Paris Saphir B	75	3,5	----	170-200
Paris Saphir BX	135	5,6	----	140-190
Paris Saphir Color	135	4,5	----	300-360
Paris Shapir	35	2,8	----	1500-1750
Paris Shapir	65	2,8	----	2400-2600
Paris Shapir	75	2,8	----	2400-2600
Paris Shapir	85	3,5	M39	600-700
Paris Shapir	85	4,5	----	140-160
Paris Shapir	105	4,5	M39	220-250
Paris Shapir	170	4,5	----	200-245
Paris Shapir	180	6,3	----	220-250
Paris Shapir	260	4,5	----	250-350
Paris Shapir	270	6,3	----	250-285
Saphir	25	2,8	----	700-800
Saphir	32	3,5	----	170-200
Saphir	100	4,5	----	55-85
Saphir	300	4,5	----	350-400
Saphir Apo	135	10	----	300-380
Saphir Apo	300	10	----	200-220

Modello	Focale	f	Attacco	€
Shapir	33	3,5	----	2000-2400
Shapir	45	3,5	Leica	2500-2900
Shapir	85	3,5	----	220-270
Shapir	95	3,5	Hasselblad	1000-1200
Topaz Paris	90	4,5	----	250-290
Topaz Paris	105	4,5	----	40-65
Topaz Paris	110	6,3	----	120-150
Topaz Paris	120	6,3	----	45-75

Bower

Modello	Focale	f	Attacco	€
Bower	650-1300	8	Canon Eos	160-220
Bower	30	----	Sony	40-60
Bower Mc	28	2,8	----	20-50
Bower MF	500	8	Nikon	120-180
Bower Sly	8	3,5	Nikon	140-180

C.P.Goerz

Modello	Focale	f	Attacco	€
Apochromat Red	480	11	----	145-210
Dagor	24	2,8	----	180-250
Dagor	100	9	----	500-600
Dagor Anast	120	6,8	----	800-950
Dagor Anast	180	6,8	----	300-360
Dagor con shutter	240	6,8	----	480-720
Dagor Ser III	120	6,8	----	80-120
Dogmar	150	6,9	----	120-190
Dogmar (1920)	150	4,5	----	280-400
Hypergon Doppel Anast	----	---	----	1800-2500
Serie Ib Celor Anast	240	5	----	55-80
Tenastigmat	130	6,8	----	29-45

Modello	Focale	f	Attacco	€
Doppel Anistgmat	120	---	----	240-290
Berlin Dopp Anastigmat	150	6,8	----	290-380

Calhoun

Modello	€
Rapid Perspective 14X17	700-750

Canon

Modello	Focale	f	Attacco	€
Canon	80-200	4	Canon	80-100
Canon	24-105	3,5-5,6	Canon	240-300
Canon	35-70	3,5-4,5	Canon	80-120
Canon	50	0,95	Leica M	2000-2400
Canon	50	1,2	Leica	450-520
Canon	50	1,5	Canon	400-600
Canon	50	1,8	Canon	180-280
Canon	50	2,8	Canon	150-250
Canon	85	1,9	Leica	120-150
Canon	200	2,8	Canon	150-200
Canon (1953)	100	3,5	Canon	180-290
Canon (1959)	100	2	Canon	450-700
Canon Fd	200	4	Canon	70-100
Canon (1951)	85	1,9	Canon	200-400
Canon (1952)	85	1,5	Canon	400-600
Canon (1956)	25	3,5	Canon	400-600
Canon (1956)	50	1,2	Canon	400-700
Canon (1957)	28	2,8	Canon	280-480
Canon (1957)	35	1,8	Canon	300-480
Canon (1957)	50	1,4	Canon	350-450
Canon (1958)	35	1,5	Canon	500-800
Canon (1961)	50	0,95	Canon	1000-1600

Modello	Focale	f	Attacco	€
Canon (1961)	85	1,8	Canon	550-800
Canon (1962)	35	2	Canon	400-600
Canon Ef	100-400	4,5-5,6	Canon	650-800
Canon Ef	70-300	4-5,6	Canon	240-280
Canon Ef	75-300	4-5,6	Canon	110-140
Canon Ef	28-200	3,5-5,6	Canon	150-200
Canon Ef	70-200	2,8	Canon	550-650
Canon Ef	70-200	4	Canon	200-240
Canon Ef	80-200	2,8	Canon	400-450
Canon Ef	18-135	3,5-5,6	Canon	200-250
Canon Ef	28-105	3,5-4,5	Canon	80-120
Canon Ef	35-80	4-5,6	Canon	40-70
Canon Ef	28-70	2,8	Canon	400-500
Canon Ef	38-76	4,5-5,6	Canon	40-70
Canon Ef	18-55	3,5-5,6	Canon	80-110
Canon Ef	18-55	3,5-5,6	Canon	80-110
Canon Ef	16-35	2,8	Canon	600-800
Canon Ef	10-22	3,5-4,5	Canon	240-310
Canon Ef	15	2,8	Canon	400-450
Canon Ef	24	2,8	Canon	150-200
Canon Ef	35	2	Canon	150-200
Canon Ef	50	1,8	Canon	70-120
Canon Ef	85	1,8	Canon	200-240
Canon Ef Macro	100	2,8	Canon	600-800
Canon Ef S	55-250	4-5,6	Canon	90-120
Canon Ef Usm	28-135	3,5-5,6	Canon	140-170
Canon Ef Usm	24-105	4	Canon	380-440
Canon Ef Usm	17-40	4	Canon	350-400
Canon Ef Usm	50	1,4	Canon	400-550
Canon Ef-S	17-85	4,5-5,6	Canon	90-120
Canon Ef-S	18-55	3,5-5,6	Canon	60-95
Canon Ef-S	10-22	3,5	Canon	240-300
Canon Ef-S	10-18	4,5-5,6	Canon	140-185
Canon Ef-S Stm	18-135	3,5-5,6	Canon	220-250
Canon Ef-S Stm	18-55	3,5-5,6	Canon	65-90

Modello	Focale	f	Attacco	€
Canon Fd	70-210	4	Canon	70-100
Canon Fd	35-105	3,5	Canon	80-100
Canon Fd	24	2	Canon	200-280
Canon Fd	28	2	Canon	140-180
Canon Fd	35	2	Canon	140-180
Canon Fd	35	2,8	Canon	65-100
Canon Fd	50	1,4	Canon	80-120
Canon Fd	50	1,8	Canon	60-85
Canon Fd	100	2,8	Canon	80-120
Canon Fd	135	3,5	Canon	45-65
Canon Fd	200	2,8	Canon	140-180
Canon Fd	300	5,6	Canon	90-120
Canon Fd	400	4,5	Canon	290-340
Canon Fl	55-135	3,5	Canon	120-160
Canon Fl	19	3,5	Canon	540-620
Canon Fl	50	1,8	Canon	40-60
Canon Fl	55	1,2	Canon	100-150
Canon Fl	58	1,2	Canon	250-300
Canon Fl	135	2,5	Canon	80-120
Canon Fl	135	3,5	Canon	40-60
Canon Fl	200	3,5	Canon	45-65
Canon Fl	500	5,6	Canon	1200-1600
Canon Fl Macro	50	3,5	Canon	90-125
Canon Mf	50-135	3,5	Canon	85-125
Canon nera - 1956	50	1,2	Canon	700-900
Canon Serenar	50	1,9	Canon	180-280
Canon Serenar -1948	85	2	Canon	200-300
Canon Serenar -1948	100	4	Canon	80-120
Canon Serenar -1948	135	4	Canon	80-120
Canon Serenar -1951	28	3,5	Canon	220-400
Canon Serenar -1951	35	2,8	Canon	200-280
Canon Serenar -1951	35	3,2	Canon	200-280
Canon Serenar -1952	50	3,5	Canon	250-400
Canon Serenar -1952	135	3,5	Canon	80-120
Canon Usm	28-105	4-5,6	Canon	40-60
Canon Usm	300	4	Canon	400-500

Caspeco

Modello	Focale	f	Attacco	€
Caspeco	28	3,5	T/T2	40-70
Caspeco	135	2,8	----	30-50
Caspeco	180	3,5	----	45-55
Caspeco Auto	35	2,8	----	20-40
Caspeco Auto Tele	135	3,5	Ai	45-60

Chinon

Modello	Focale	f	Attacco	€
Chinon	35-100	3,5-4,3	Pentax	50-75
Chinon	35-70	3,5-4,5	Pentax	30-50
Chinon	55	1,7	M42	25-45
Chinon	135	2,8	----	68-88
Chinon	200	3.5	----	60-90
Chinon Af	70-210	4,5	----	30-60
Chinon Af	28-70	3.5-4.5	---	20-40
Chinon Auto	90-190	5,6	M42	50-90
Chinon Auto	28	3,5	M42	25-45
Chinon Auto	35	2,8	----	20-40
Chinon Auto	50	1,4	----	27-40
Chinon Auto	50	1,9	Pentax K	22-40
Chinon Auto	55	1,4	M42	80-120
Chinon Auto	135	2,8	Canon Ef	25-40
Chinon Macro Mc	55	1,7	M42	100-150
Chinon Mc	55-105	----	M42	50-80
Chinon Mc	35-70	2,7-3,5	Pentax K	50-80
Chinon Mc	28-50	3,5-4,5	Pentax	25-50

Clubman

Modello	Focale	f	Attacco	€
Clubman	200	4,5	Canon Fd	40-50
Clubman	28	2,8	Minolta	40-50
Clubman	75 - 300	5,6	Clubman	25-40
Clubman	80 -200	4,5 - 5,5	Om	25-45
Clubman	80-200	4,5-5,6	M42	20-30

Dallmeyer

Modello	Focale	f	Attacco	€
Adon (alluminio e ottone)	----	1	----	150-190
Dallmeyer	6,5	2,5	D	75-110
Dallmeyer	12	3,5	----	100-140
Dallmeyer	25	1,9	C	400-500
Dallmeyer	50	----	Projector	45-75
Dallmeyer	74	----	Projector	80-120
Dallmeyer	82	4	C	250-310
Dallmeyer	175	----	Projector	140-180
Dallmeyer Anast	12	6,5	----	90-140
Dallmeyer Anast	13	1,9	D	120-160
Dallmeyer Anast	20	3,5	C	160-190
Dallmeyer Anast	76	4,5	----	160-190
Dallmeyer Anast	133	6,5	----	340-400
Dallmeyer Anast	135	4,5	----	220-300
Dallmeyer Anast	152	5,6	39	400-500
Dallmeyer Anast	178	5,6	----	180-240
Dallmeyer Anast	300	3,5	----	900-1200
Dallmeyer Pentac	190	2,9	----	100-140
Dallmeyer Series VI	280	4,5	----	140-180
Dallon	230	6,5	----	350-470
Dallon Anast	150	5,6	M39	400-500

Modello	Focale	f	Attacco	€
Military	12	3,5	----	250-360
Rapide Landascape N°2	280	6,3	----	320-370
Rapide Landascape N°4	330	16	----	400-500
Rapide Landascape N°4	550	11	----	700-800
Soft focus	152	4,5	----	950-1200
Speed Anast	20	1,5	----	500-600
Stigmatic	381	6	----	500-600
Super Anast	50	2	Leica	14000-16000 *
Super Six	63	1,9	----	14000-16000 *
Super six Anast	24	1,9	----	1400-1800
Triple Anast	24	2,9	C	550-650

* Nota: prezzi soggetti a forti oscillazioni nel tempo

Danubigon

Modello	Focale	f	Attacco	€
Auto Mc	28-70	3-4,5	Olymous Om	20-40
Danubigon	80-200	4	Minolta Md	20-40
Danubigon	35-70	3,5-4,5	Minolta	25-45
Danubigon	135	2,8	----	20-40
Danubigon Auto	28-70	3-4,5	Olympus	25-45

Darlot

Modello	Focale	f	Attacco	€
Paris – in ottone 12 inch	----	4,5	----	800-1000
Paris - in ottone con piastra in legno	----		----	300-400

Delft and Old Delft

Modello	Focale	f	Attacco	€
Aereo Jet	305	4	----	500-600
Alefar	180	4,5	Alpa	240-280
Alpa Alefar	180	4,5	----	200-240
De Oude	65	0,75	----	140-185
De Oude	75	1,1	----	260-320
De Oude	90	1,1	---	285-340
De Oude	100	1,4	----	1400-1700
De Oude	400	6,3	----	60-90
Delca	50	6,3	Minolta	1400-1600
Delca	500	6,3	Contax	3500-4500
Delca T.C.	2000	14	----	1500-2500
Delfar	90	4,5	Leica	1400-1600
Delfinor	105	1,6	Nikon	2700-3500
Delft	35	3,5	----	900-1100
Delft	400	5	---	800-1000
Delft Alpa Prototipo	37	3,5	---	1500-1800
Deltamar	150	2,8	----	450-550
Fototel	40	5	----	800-1200
Fototel	400	4,5	Exakta	700-850
Fototel	450	5,6	M39	800-1000
Minor	37	3,5	Alpa	1400-1800
Minor (Prototipo)	37	3,5	Alpa	900-1200
Rayxar	50	0,75	----	900-1200

Dietzler

Modello	€
In ottone anno 1840	7000-7500 *

* Nota: le stime che abbiamo trovato sono discutibili

Durst

Modello	Focale	f	Attacco	€
Comparon	50	4	----	40-60
Componon	150	5,6	----	120-170
Mitub	39	1	Pe	25-45
Neonon	80	5,6	Pe	20-40
Neotaron	50	2,8	Pe	28-45
Neotaron	75	4,5	Durst	40-60
Neotaron	75	4,5	M39	25-50

Edixar

Modello	Focale	f	Attacco	€
Edixar	135	2,8	M42	29-45
Edixar	28	2,8	M42	29-45
Edixar	85-210	4,8	M42	48-70
Edixar	95-205	6,3	M42	45-80

Elbex

Modello	Focale	f	Attacco	€
Tv lens	10-120	2	----	140-180
Tv lens	8	1,3	----	55-80
Tv lens	8-64	1,7	----	80-120

Exakta

Modello	Focale	f	Attacco	€
Exakta	35-100	3,5-4,5	----	70-90
Exakta	35-80	4-5,6	Minolta	40-60
Exakta	28	2,8	Pentax	70-100
Exakta	35	3,5	Exakta	270-350
Exakta	54	3,5	----	450-550
Exakta	80	2,8	----	250-350

Modello	Focale	f	Attacco	€
Exakta	500	8	Canon	80-120
Exakta macro	28-70	4	----	25-55
Exakta Mc macro	70-210	4,5-5,6	----	45-70
Exakta Mc macro	28-70	3,5-4,8	Pentax K	45-65
Exakta Mc macro	35-70	3,5-4,5	---	20-40
Vario Auto	45-135	3,5	----	50-70

Fed

Modello	Focale	f	Attacco	€
Fed	52	2,8	Leica	50-75

Fuji

Modello	Focale	f	Attacco	€
Fujinon	50	1,9	----	40-60
Fujinon A	180	9	----	655-795
Fujinon A	240	9	----	680-820
Fujinon C	300	8,5	----	655-795
Fujinon C	450	12,5	----	925-1065
Fujinon C	600	11,5	----	1525-1665
Fujinon Cm-W	105	5,6	----	575-715
Fujinon Cm-W	125	5,6	----	575-715
Fujinon Cm-W	135	5,6	----	625-765
Fujinon Cm-W	150	5,6	----	625-765
Fujinon Cm-W	180	5,6	----	725-865
Fujinon Cm-W	210	5,6	----	805-945
Fujinon Cm-W	250	6,3	----	905-1045
Fujinon Cm-W	300	5,6	----	1525-1665
Fujinon Cm-W	360	6,5	----	1855-1995
Fujinon Cm-W	450	8	----	2155-2295
Fujinon Sw	105	8	----	1125-1265
Fujinon Sw	125	8	----	1125-1265
Fujinon Sw	90	8	----	725-865

Modello	Focale	f	Attacco	€
Fujinon Swd	65	5,6	----	1025-1165
Fujinon Swd	75	5,6	----	1155-1295
Fujinon Swd	90	5,6	----	1225-1365
Fujinon T	300	8	----	780-920
Fujinon T	400	8	----	1025-1165
Fujinon T	600	12	----	1525-1665

Hanimex

Modello	Focale	f	Attacco	€
Hanimex	100	1,4	M42	45-65
Hanimex	100	4	M42	30-45
Hanimex	102	2,8	----	50-75
Hanimex	135	3,5	T2	25-40
Hanimex	200	4,5	M42	30-55
Hanimex	28-200	3,5-5,6	Pentax	20-40
Hanimex	300	5,5	Canon Fd	30-45
Hanimex	300	5,6	Olympus	70-95
Hanimex	35-200	3,8-5,3	Minolta	40-60
Hanimex	35-75	3,5-4,5	----	40-60
Hanimex	400	6,3	----	30-55
Hanimex	500	8	----	70-110
Hanimex	600	8	Nikon	120-160
Hanimex	80-200	4.5	M42	25-45
Hanimex	85	2,8	Projector	15-30
Hanimex	90-210	4	----	45-70
Hanimex	90-230	4,5	M42	25-45
Hanimex argento	300	6,3	M42	180-250
Hanimex Auto	135	2,8	Minolta	40-60
Hanimex Auto	200	3,5	M42	28-45
Hanimex Auto	200	4,5	-----	20-35
Hanimex Auto	28-80	5,6	Minolta Md	28-45
Hanimex Auto	35	2,8	M42	25-40
Hanimex Auto	70-140	3,8	Minolta Md	26-45

Modello	Focale	f	Attacco	€
Hanimex Auto	70-140	3,8	Minolta	35-45
Hanimex Auto Mc	300	4	Nikon AI	50-70
Hanimex Auto Mc	35-105	3,5	Canon Fd	40-55
Hanimex Auto Mc	35-135	4-5,6	Canon Fd	40-60
Hanimex Auto Mf	35	2.8	M42	80-100
Hanimex Hanimar	28	2,8	Pentax	28-40
Hanimex Hanimar	35	3,5	----	30-45
Hanimex Hanimar	80-200	4,5	Pentax K	28-40
Hanimex HMC	135	2,8	Minolta Md	28-40
Hanimex HMC	200	3,3	Pentax K	30-50
Hanimex HMC	80-200	3,4	Minolta	30-55
Hanimex Macro	60-300	4-5,6	Praktica	25-40
Hanimex Macro	70-210	4-5,6	----	60-85
Hanimex Macro	72-162	3,5	----	25-40
Hanimex Macro Auto	75-300	5,6	----	25-45
Hanimex Macro Mc	75-200	4,5	----	40-60
Hanimex Mc	28	2,8	Konica	28-45
Hanimex Mc	28-70	3,8-4,8	Canon	20-40
Hanimex Mc	28-80	3,5-4,5	Pentax K	40-60
Hanimex Mc	55-220	3,5-4,5	M42	30-50
Hanimex Mc Auto	135	2,8	----	40-70
Hanimex Mc Auto	24	2,8	Minolta	60-90
Hanimex Spc Mc	28	2,8	M42	45-65
Hanimex specchio	300	5,6	----	120-200
Hanimex specchio	500	8	Canon	80-120

Hasselblad

Modello	Focale	f	Attacco	€
Distagon	40	4	----	900-1000
Distagon CF	30	3.5	----	2000-2400
Distagon CF	60	3,5	----	400-450
Hasselblad	60-120	4.8	----	900-1200
Hasselblad	80	2,8	----	300-400
Hasselblad argento	150	4	----	250-350
Hasselblad 2000	60-120	4,8	----	600-700
Hasselblad 2000	50	2,8	----	1600-1900
Hasselblad Cb	120	4	----	2000-2500
Hasselblad CF	100	3,5	----	700-900
Hasselblad Cf	100	3.5	----	2000-2800
Hasselblad Cf	150	4	----	400-460
Hasselblad Cf	180	4	----	2500-3500
Hasselblad Cf	500	8	----	5000-6000
Hasselblad cromato	50	4	----	150-180
Hasselblad HC	50-110	3.5-4.5	----	1400-1600
Hasselblad HC	35-90	4-5.6	----	4000-5000
Hasselblad HC	35	3.5	----	900-1400
Hasselblad Hc	80	2,8	----	600-800
Hasselblad Hc	100	2	----	1800-2500
Hasselblad Hc	150	3,2	----	900-1200
Hasselblad Hc Auto	210	4	----	350-450
Makro-Planar CF	120	4	----	470-540
Makro-Planar CF T	135	5,6	----	680-780
Sonnar	150	4	----	150-200
Sonnar T	250	5,6	----	360-450
Tele Tessar	350	5,6	----	400-500
Tele Tessar CF	350	5,6	----	900-1200
Tele-Apotessar T CF	500	8	----	740-850
Variogon	140-280	5.6	----	900-1200

Helios

Modello	Focale	f	Attacco	€
Helios	35	2	M30	100-120
Helios	92	2	M42	60-80
Helios 40	85	1,5	Nikon	400-450
Helios 40	85	1,5	Micro 4/3	380-420
Helios 40	85	1,5	Sony NEX	400-450
Helios 40	85	1,5	Samsung Nx	400-420
Helios 40	85	1,5	Canon FD	400-450
Helios 40	85	1,5	Contax / Yashica	420-460
Helios 44	58	2	Zenit	40-70
Helios 44 argento	58	2	M39	80-160
Helios 44-2	58	2	Samsung NX	50-90
Helios 44M	58	2	Nikon	60-90
Helios 77M	50	1,8	Nikon	120-160
Mc	52	1,2	M42	100-140

Hermagis

Modello	Focale	f	€
Aolenetique Serie II in ottone	----	--	450-550
Cinema Paris in ottone	140	--	500-600
Paris Trouss Anastigmatique-ottone	----	--	800-900
Paris Aplanastigmat in ottone	170	7	480-550

Hoya

Modello	Focale	f	Attacco	€
Hoya	75 - 150	3,8	Olympus	40-55
Hoya	50	3,5	Canon FD	30-50
Hoya Hmc	100-300	5,6	Pentax	25-40
Hoya Hmc	70 -210	3,8	Canon	65-85
Hoya Hmc	80 -205	3,8	Canon	40-55
Hoya Hmc	80-200	4	Olympus	25-40
Hoya Hmc	70-150	3,8	Pentax	30-55

Modello	Focale	f	Attacco	€
Hoya Hmc	28-85	4	Contax	20-35
Hoya Hmc	135	2,8	Contax	40-60
Hoya Hmc	200	3,5	M42	65-80
Hoya Hmc Macro	35-105	4	Olympus	30-50
Hoya Tele Auto	300	5,6	M42	50-70

Iff

Modello	Focale	f	Attacco	€
Dugor	50	4,5	----	40-70

Industar

Modello	Focale	f	Attacco	€
Industar	28	2,8	M39	28-40
Industar	50	2	M42	25-40
Industar	50	2,8	M42	80-120
Industar	50	3,5	M39	15-28
Industar	50	3,5	Nikon	29-50
Industar	50	3,5	Olympus 4/3	30-60
Industar	50	3,5	M42	15-30
Industar	52	2,8	M39	20-40
Industar	53	2,8	M39	22-35
Industar	55	2,8	M39	28-45
Industar	80	2,8	----	70-100
Industar	110	4,5	Pe M39	22-40
Industar 23 u	----	---	Ingranditore	10-20
Industar 4 (1938)	210	4,5	----	180-240
Industar argento	50	3,5	M39	20-35
Industar-61 L/Z	50	2,8	Nikon	60-85
Industar-61 L/Z	50	2,8	Olympus 4/3	55-80
Macro	105	3,5	----	85-140

Isco

Modello	Focale	f	Attacco	€
Göttingen Vario Stellar	85-150	3,5	Projector	90-120
Gottingen Westrocolor	50	1,9	Exakta	60-90
Isco Gottingen Isconar	135	4	Exakta	15-28
Isco Optic Ultra	95	2	Projector	60-85
Isco Super-Kiptar	70	2	Projector	60-90
Isco-Gottingen Cinelux	85	2	Projector	85-145
Isco-Gottingen Isconar	100	4	M42	50-80
Isco-Gottingen Projar	200	3,5	Projector	45-70
Isco-Gottingen Westanar	50	2,8	M42	45-70
Isco-Gottingen Westanar	135	3,5	M42	55-95
Isco-Optic Ultra-Star	55	---	----	60-100
Optic Blue Star Ultra	70	----	Projector	60-90
Red Ultra Star HD Plus	75	2,4	Projector	100-140
Red Ultra Star HD Plus	85	2.4	Projector	90-140

Itorex

Modello	Focale	f	Attacco	€
Itorex	80-200	4,5-5,2	M42	28-45
Itorex auto	80-200	5,5	----	50-80
Itorex Mc	35-135	3,9-5,3	----	20-40
Itorex Mc auto	38-70	3,5	----	45-85
Itorex Pk	28	2,8	Pentax	50-80

Janpol

Modello	Focale	f	Attacco	€
Janpol Color	80	5,6	Pe	28-45
Janpol Color K	55	5,6	Pe	28-45
Janpol Color K	90	5,6	Pe	28-45

Jupiter

Modello	Focale	f	Attacco	€
Jupiter	135	2,8	M42	35-55
Jupiter (1958) argento	50	2	M39	20-45
Jupiter 11	135	4	M39	35-55
Jupiter 12	35	2,8	M39	40-60
Jupiter 21m	200	4	M42	38-60
Jupiter 3 (1955)	50	1,5	Contax	160-200
Jupiter 3 (1961)	50	1,5	Leica	110-140
Jupiter 36B	250	3,5	Pentacon	50-75
Jupiter 37	135	3,5	Olympus 4/3	110-150
Jupiter 6	180	2,8	Nikon	280-340
Jupiter 8	50	2	M39	30-45
Jupiter 9	85	2	Arriflex	150-250
Jupiter 9	85	2	Olympus 4/3	180-220
Jupiter 9	85	2	Samsung Nx	180-220
Jupiter 9	85	2	Nikon	130-150
Jupiter 9 (argento)	85	2	M39	100-150
Jupiter-37	135	3,5	Olympus 4/3	110-150

Kalimar

Modello	Focale	f	Attacco	€
Kalimar	35-200	3,5-4,8	Canon	25-45
Kalimar	28-85	3,5	Minolta	35-45
Kalimar	35-70	3,5	Minolta	45-60
Kalimar	18-28	4-4,5	----	25-40
Kalimar	50	2,8	Minolta	25-45
Kalimar	55	1,5	----	25-45
Kalimar	300	4	Olympus	20-40
Kalimar	400	6,3	Nikon	120-160
Kalimar	500	8	Canon	70-90
Kalimar auto	80-200	4,5-5,6	Canon	30-50
Kalimar auto	135	2,8	Konica	40-60

Modello	Focale	f	Attacco	€
Kalimar auto macro	60-300	4-5,6	Minolta	20-40
Kalimar macro	28	2,8	Pentax	35-55
Kalimar Mc	50	1,7	Contax	25-45
Kalimar Mc Af	28-200	3,5-5,6	Minolta	40-65
Kalimar Mc Af	70-210	3,9	----	25-45
Kalimar Mc auto	28-70	3,9-4,8	Ar	25-45
Kalimar a specchio	500	8	T2	40-65
Kalimar Fd Mt	75-200	3,9	Canon	20-35
Kalimar macro	80-205	4,5	----	20-40

Kiev

Modello	Focale	f	Attacco	€
Kiev	80	2,8	Kiev	50-80
Telear-5	250	5,6	----	45-70
Vega 11Y	50	2,8	M39	25-45
Vega 7	20	2	----	110-160
Vega 9	50	2,1	M39	25-45
Vega-12	90	2,8	----	55-80
Volna-3	80	2,8	----	85-120
Zodiac-8	30	3,5	Kiev 88	200-250

Kilfitt

Modello	Focale	f	Attacco	€
Fern- Kilar	400	5,6	M39	150-190
Kilar	135	3,8	----	170-220
Kilar	150	3,5	----	150-180
Kilfitt	90	3,5	M39	150-190
Macro	170-320	4	Hasselblad	1400-1700
Macro Zoomar	50-125	4	----	140-170
Makro-Kilar	40	2,8	Alpa	200-240
Makro-Kilar	40	2,8	M42	200-220
Makro-Kilar	40	3,5	----	120-150

Modello	Focale	f	Attacco	€
Makro-Kilar	90	2,8	Alpa	250-290
Pan-Tele-Kilar	300	4	Arriflex	190-240
Sport-Fern-Kilar	600	5,6	C	700-900
Sport-Zoomatar	600	5,6	Arri	250-350
Tele-Kilar	105	4	----	900-1200
Tele-Kilar	300	5,6	M39	150-190

Kiron

Modello	Focale	f	Attacco	€
Kiron	24	2	Canon	350-450
Kiron	28	2	Olympus Om	65-90
Kiron	28-105	3,2-4,5	Olympus Om	25-45
Kiron	28-210	4-5,6	Canon	140-200
Kiron	28-70	3,5-4,5	Canon	60-90
Kiron	28-85	2,8-3,8	Minolta Md	50-80
Kiron	30-80	3,5-4,5	Canon Fd	20-45
Kiron	35-135	3,5-4,5	Yashica	55-80
Kiron	35-200	3,8-5,2	Pentax	28-50
Kiron	70-150	4	Canon	45-65
Kiron	70-210	4,5-5,6	Canon	80-120
Kiron	75-205	3,8	Canon	70-90
Kiron	80-200	4	Ai-s	29-45
Kiron macro	105	2,8	Canon Fd	200-280

Kodak

Modello	Focale	f	Attacco	€
Ektanar	102-152	----	Projector	15-20
Ektar(+synchro compur)	101	4.5	----	100-160
Kodak	100-150	3,5	Projector	15-20
Kodak	100	2,8	Frojector	35-50
Kodak Anistgmat	15	2,7	Cine	30-50
Kodak Anistgmat	98	4,5	----	80-120
Kodak Carousel	180	----	Projector	18-29
Kodak Carousel Retinar	250	----	----	25-40
Kodak Cine 16 Mm	76	4,5	---	28-55
Kodak Cine 16 Mm	76	4,5	---	28-55
Kodak Cine Ektanon	210	2,7	----	20-35
Kodak Cine Ektar	63	2,7	C	120-170
Kodak Ektaner	120	3,5	Projector	20-40
Kodak Ektapro	100-200	3,5	Projector	20-40
Kodak Ektapro	36	2,8	Projector	120-160
Kodak Ektapro	85	2,8	Projector	20-40
Kodak Ektapro Elmo	70-210	3,5	Projector	20-45
Kodak Ektar	100	4,5	Projector	45-70
Kodak Ektar	203	7,7	lLf	140-180
Kodak Ektar Aereo	178	2,5	----	150-250
Kodak Ektar Con Synchro-Compur	101	4.5	----	100-160
Kodak Enlarging Ektar	50	4,5	----	40-60

Modello	Focale	f	Attacco	€
Kodak Ff	75-120	3,5	Projector	45-60
Kodak Ff	75-120	3,5	Projector	45-60
Kodak Gear	78-215	4,5-5,6	Canon Eos	60-100
Kodak Gear	78-215	4,5-5,6	Canon Eos	60-100
Kodak Gear	80-210	4,5-5,6	Canon Eos	60-100
Kodak Retina Exenar	50	2,8	----	40-70
Kodak Retinar	35	---	Projector	20-35
Kodak Retinar	60	----	Projector	20-35
Kodak Retinar	90	2,5	----	30-65
Kodak Retinar	150	----	Projector	20-40
Kodak Retinar S-Av	180	----	Projector	40-60
Kodak Retinar S-Av 1000	85	----	Projector	40-75
Kodak Retinar S-Av 1000	150	----	----	25-45
Kodak Retinar S-Av2000	53	4	Projector	38-55
Kodak Retinar S-Av2000	53	4	Projector	38-55
Kodak Retinar S-Av2000	250	----	Projector	60-95
Kodak Retinar S-Av2000	250	----	Projector	60-95
Kodak Vario Retinar	70-200	---	---	25-55
Kodak Vario Retinar	85-210	3,9	Projector	35-55
Kodak Vario Retinar S-Av 1000	70-120	----	Projector	25-45
Kodak Xenon	80	4	Retina	25-55
Retina Tele Exenar	135	4	----	40-70
Retinar S-Av 1000	85	----	Projector	40-75
Retinar S-Av 1000	150	----	----	25-45
Vario Retinar S-Av 1000	180	----	Projector	25-45

Komura (Sankyō Kōki K.K.)

Modello	Focale	f	Attacco	€
Komura	24	3,5	Minolta Md	170-220
Komura	24	4	M42	75-100
Komura	28	3,5	Leica	900-1100
Komura	35	2,8	M39	180-240
Komura	35	2,5	Miranda	100-140
Komura	45	4,5	Bronica	250-310
Komura	75	5,6	Pe	40-60
Komura	80	1,8	Leica	750-850
Komura	85	1,4	Leica R	900-1100
Komura	100	1,8	M42	550-650
Komura	105	3,5	M39	95-140
Komura	105	4,5	M39	50-75
Komura	105	2	Leica	900-1100
Komura	105	2,3	----	400-500
Komura	135	2,8	M42	90-120
Komura	135	3,5	Fed - Zorki	45-70
Komura	135	2	Nikon Slr	750-850
Komura	135	3,5	Nikon	60-80
Komura	200	4,5	Leica	50-85
Komura	200	3,5	Bronica	140-180
Komura	200	3,5	M42	170-220
Komura	300	5	M39	190-220
Komura	400	2,8	----	90-140
Komuranon	80-210	4,5	Nikon	50-70
Macro	75-150	4,5	----	45-60
Macro	38-90	3,5	Canon	70-100
Mc Macro	24	4	----	75-100
Super Komura	50	3,5	Bronica	240-290

Konica (anche Konica-Minolta)

Modello	Focale	f	Attacco	€
Asp Ad Af	28-72	2,8	Sony	240-280
Hexanon	135	3,2	----	45-60
Hexanon	135	3,5	----	35-55
Hexanon	200	4	Ar	45-70
Hexanon	21	2,8	----	1000-1200
Hexanon	24	2,8	----	120-150
Hexanon	35-70	4	----	40-70
Hexanon	40	1,8	----	40-60
Hexanon	50	1,4	----	55-80
Hexanon	50	1,7	Ar	28-40
Hexanon	50	1,8	Konica	28-40
Hexanon	52	1,8	Ar	45-70
Hexanon	80-200	3,5	Ar	40-70
Hexanon	80-200	4	Ar	60-80
Hexanon	85	1,8	Ar	270-320
Hexanon M	50	1,2	----	1400-1800
Hexanon Macro	35-70	3,5-4,5	Ar	55-75
Hexanon Mf	50	1,8	----	28-45
Hexanon Mf	57	1,4	Ar	55-80
Hexar	28	3,5	Ar	28-40
Konica	28	3.5	Konica	25-45
Konica	35	2,8	----	80-100
Konica	40	1,8	Konica	25-45
Konica Minolta	11-18	4,5-5,6	----	370-490
Konica Minolta	17-35	2,8-4,0	----	290-390
Konica Minolta	18-200	3,5-6,3	----	190-300
Konica Minolta	18-70	3,5-5,6	----	50-80
Konica Minolta	28-100	3,5-5,6	----	30-70
Konica Minolta	28-75	2,8	----	280-395
Macro	100	2,8	----	350-500
Maxxum Af	28-135	4-4,5	Sony	90-140
Maxxum Af	50	1,7	----	40-65

Koristka

Modello	Focale	f	Attacco	€
Koristka Milano	120	----	----	120-180
Koristka Milano Koral	35	2,3	----	500-700

Krasnogorsk

Modello	Focale	f	Attacco	€
Jupiter-12	35	2,8	M39	80-120
Jupiter-6	180	2,8	M42	180-240
Orion	200	6,3	---	200-260
Russar MP	20	5,6	----	180-240
Tair	300	4,5	M39	450-550
Vega 12-B	90	2,8	Kiev	60-90
Zenit Mir-20M MC	20	3,5	M42	120-140
Zenitar-K MC	20	2,8	Pentax	140-180
Zk	50	1,5	----	160-220
Zk	50	1,5	M39	160-220

Kyoei

Modello	Focale	f	Attacco	€
Acall	35	3,5	M39	240-280
Kyoei	135	3,5	----	70-90
Kyoei	180	3,5	Exakta	200-250
Super Acall	105	3,5	Leica	80-110

Lerebours & Secretan

Modello	€
In ottone	1400-1800
In ottone – lenti Petzval	650-750
In ottone – Paris 9	1200-1450
Lunghezza di circa 7 cm	1800-2400
Paris - lunghezza circa 8 cm e 7 cm di diametro	700-750

Lancaster & Son

Modello	Focale	f	Attacco	€
Rectygraph (ottone)	---	----	----	80-150

Leica

Modello	Focale	f	Attacco	€
Apo-Macro-Elmarit	100	2,8	Leica R	1000-1600
Apo-Telyt-M nero	135	3,4	Leica M	1600-2000
Elmar	35	3,5	----	180-280
Elmar	50	2,8	----	280-400
Elmar	90	4	----	120-170
Elmar	105	6,3	----	900-1200
Elmar	135	4	----	300-400
Elmar (scala rossa)	50	3,5	----	400-500
Elmar All cromato	90	4	----	1200-1400
Elmar Coated	50	3,5	----	280-380
Elmar cromato	135	4,5	----	80-120
Elmar cromato -1955	90	4	----	250-320
Elmar nero	135	4,5	----	120-180
Elmar Uncoated cromato	50	3,5	----	180-280
Elmar Uncoated nichel	50	3,5	----	200-280
Elmari-M Asph. nero	24	3,8	Leica M	1400-1800
Elmarit	90	2,8	----	700-900
Elmarit	90	4	----	700-900
Elmarit-M	21	2,8	Leica M	1400-1600
Elmarit-M Asph.	24	2,8	Leica M	1400-1800
Elmarit-R	19	2,8	Leica R	1500-2500
Elmarit-R	60	2,8	----	400-500
Elmarit-R	135	2,8	Leica R	300-360
Elmarit-R Fish Eye	16	2,8	Leica R	600-700
Hektor	135	4,5	----	90-160

Modello	Focale	f	Attacco	€
Hektor (1938)	135	4,5	M39	180-220
Hektor Coated	28	6,3	----	420-620
Hektor cromato	28	6,3	----	420-620
Hektor cromato	50	2,5	—--	380-450
Hektor Nickel	28	6,3	----	480-680
Hektor Nickel	50	2,5	----	450-550
Hektor Rapid	27	1,4	C	240-280
Hektor SM cromato	135	4,5	----	140-170
Macro Elmar-R	100	4	Leica R	300-500
Noctilux	50	1	-----	4500-5500
Summar Coated	50	2	----	250-350
Summar cromato	50	2	----	1400-2000
Summar nero Rim	50	2	—--	180-280
Summar Nikel	50	2	—--	1000-1600
Summar Uncoated	50	2	----	180-280
Summarex cromato	85	1,5	----	900-1400
Summarex nero	85	1,5	----	1400-1700
Summarit	50	1,5	----	350-550
Summaron	28	5,6	----	720-820
Summaron	35	2,8	----	550-650
Summaron	35	3,5	----	320-450
Summaron (1955)	35	3,5	----	700-800
Summicron	35	2	--—	1800-2400
Summicron	50	2	--—	360-480
Summicron	90	2	----	700-900
Summicron (1990)	50	2	----	780-900
Summicron (1999)	50	2	----	1400-1800
Summicron (1999)	35	2	----	1800-3000
Summicron ASPH	28	2	----	1800-2400
Summicron M - DR	50	2	----	600-800
Summicron Rigid	50	2	----	2000-2500
Summilux	35	1,4	M	1400-1700
Summilux	50	1,4	----	3000-4000
Summilux-M Asp nero	21	1,4	Leica M	4000-5000

Modello	Focale	f	Attacco	€
Summilux-M Asp nero	24	1,4	Leica M	3000-4000
Summitar	50	2	----	250-350
Summitar (1950)	50	2	----	400-550
Super-Angulon	21	3,4	----	800-1000
Super-Angulon	21	4	----	1400-1800
Super-Elmar-Asp nero	18	3,8	Leica M	1700-2000
Tele-Elmar	135	4	Leica M	350-450
Telyt-R	250	4	Leica R	240-280
Telyt-R	350	4,8	----	400-600
Telyt-R	650	6,8	----	370-440
Thambar	90	2,2	----	2000-4000
Vario Elmar	28-70	3,5 - 4,5	----	260-320
Xenon Chrome	50	1,5	----	450-550
Xenon Nickel	50	1,5	----	600-800

Lentar

Modello	Focale	f	Attacco	€
Lentar	75-230	4,5	----	40-60
Lentar	75-230	4,5	M42	35-60
Lentar	90-230	4,5	M42	35-55
Lentar	80-200	3,5	Leicaflex R	80-110
Lentar	90-190	5,8	----	35-60
Lentar	75	3,5	----	40-55
Lentar	135	3,5	M42	35-60
Lentar	200	4,5	----	75-90
Lentar	200	4,5	Rollei	70-90
Lentar	250	4,5	Rollei	70-95
Lentar	250	5,6	----	220-260
Lentar	500	8	T	60-85
Lentar auto	75-210	4,5	----	25-45
Lentar auto	80	3,5	Pentax	40-70

Modello	Focale	f	Attacco	€
Lentar Mf	200	3,5	Nixon Ai	60-90
Super Lentar	28	2,8	----	45-65
Super Lentar	35	2,8	M42	29-48
Super Lentar	35	2,8	Minolta	45-75
Super Lentar auto	21	3,8	----	20-50
Tele Lentar	135	2,8	Minolta Md	30-50
Tele Lentar	300	5,5	Pentax	70-100
Tele Lentar	350	5,6	M42	28-45
Tele Lentar	400	6,3	----	30-50

Lomo

Modello	Focale	f	Attacco	€
Kmz	50	2	----	70-100
Kmz	135	4	----	50-70
Loomp	75	2	----	450-550
Mc Volna	50	1,8	----	70-100
Okc Helios	35	2	Arriflex	120-160
Okc Ro3	50	2	----	120-160
Okc1	18	2,8	----	160-200
Okc1	35	2	----	120-160
Okc1	50	2	----	140-180
Okc1	100	2	----	650-800
Okc11	35	2	----	470-570
Okc14	75	1,5	----	2200-2800
Okc2	25	2,8	----	80-120
Okc3	10	1,8	Kinor	150-250
Okc4	28	2	----	220-290
Okc4	75	2,8	----	250-350
Okc8	35	2	----	150-250
Oks1	16	3	----	1900-3500
Oks1	50	2	----	900-1100
Oks1	100	2,8	Pentax	550-650
Oks1	150	2,8	----	750-900

Modello	Focale	f	Attacco	€
Oks2	100	2,8	----	450-550
Oks5	18	2,5	----	140-180
Oks5	18	2,5	----	900-1100
Oks6	75	2	----	280-340
Oks6	75	2	Pl	900-1100
Oks6 Macro	75	2	----	800-1100
Oks7	28	2	----	70-100
Oks7	28	2	----	160-220
Oks8	35	2	----	70-120
Oks8	35	2	----	150-190
Pf18-1	20-120	2,5	----	4000-4500
Po504	130	2	Projector	40-70
Ro502	110	2	Projector	40-70
Ussr	----	----	Projector	45-60

Makinon

Modello	Focale	f	Attacco	€
Makinon	200	3,3	Minolta Md	25-55
Makinon	28	2,8	Pentax	25-50
Makinon	75-150	4,5	Pentax K	25-40
Makinon	80-200	3,5	Minolta	29-55
Makinon	80-200	4	Konica	25-45
Makinon	80-200	4,5	M42	25-45
Makinon auto	135	2,8	Pentax	25-50
Makinon Auto	28-70	3,5-4,5	Minolta Md	25-45
Makinon Auto	28-80	3,5-4,5	Canon AL	25-45
Makinon auto Mc	24	2,8	Minolta Md	55-80
Makinon Auto Mc	300	4	Canon FD	95-120
Makinon Macro Catadiottrico	300	5,6	Fujica	70-95
Makinon Macro Catadiottrico	300	5,6	Rollei/ Voigtl	80-120

Modello	Focale	f	Attacco	€
Makinon Macro Catadiottrico	400	6,7	Fujica	100-120
Makinon Macro Catadiottrico	400	6,7	Rollei/ Voigtl	110-140
Makinon MC Macro	35-105	3,5	----	30-55
Makinon Mc reflex	500	8	Pentax	55-75

Mamya

Modello	Focale	f	Attacco	€
Apo-Sekor Z	350	5,6	----	350-450
Apo-Sekor Z	500	6	----	1400-1800
Fish-eye SX Auto	14	3,5	M42	240-320
Mamiya	28	3,5	----	70-100
Mamiya ES	135	2,8	----	28-50
Mamiya Sekor	65	4,5	----	120-160
Mamiya Sekor	90	3,8	----	28-50
Mamiya Sekor	150	3,5	----	100-140
Mamiya Sekor	210	4	----	140-190
Mamiya Sekor	360	6	----	350-450
Mamiya Sekor	500	5,6	----	250-320
Mamiya Sekor	500	8	----	280-350
Mamiya Sekor C	55	2,8	----	150-200
Mamiya Sekor C	65	4,5	----	120-160
Mamiya Sekor C	127	3,8	----	90-120
Mamiya Sekor E	135	2.8	----	28-50
Mamiya Sekor E	200	4	----	28-50
Mamiya Sekor Macro C	80	4	----	170-220
Mamiya Sekor Macro Z	140	4,5	----	270-340
Mamiya Sekor Z w	127	3,5	----	190-240
Mamiya-Sekor	37	4,5	----	400-480

Modello	Focale	f	Attacco	€
Mamiya-Sekor	55	4,5	----	250-350
Mamiya-Sekor C	45	2,8	----	120-160
Mamiya-Sekor C Shift	50	4	----	260-320
Mamiya-Sekor SF	150	4	----	280-340
Mamiya-Sekor Shift Z W	75	4,5	----	550-750
Mamiya-Sekor Z	65	4	----	250-350
Mamiya-Sekor Z W	180	4,5	----	140-180
Mamiya-Sekor Z W	250	4,5	----	190-240
Mamiya-Sekor Zoom	55-100	4,5	----	180-240
Mamya-Sekor	50	1,7	----	45-65
Mamya-Sekor	50	4,5	----	160-200
Press-Sekor	250	5	----	450-550
Sekor Macro	60	2,8	M42	80-120
Uld C N	300	5,6	----	90-140

Marexar

Modello	Focale	f	Attacco	€
Marexar	28	2,8	Canon	25-40
Marexar	35	3,5	M42	35-50
Marexar	35-80	3,3-4,8	Nikon	30-45
Marexar	80-200	4,5	Canon	45-85
Marexar	80-250	4,5	Olympus	28-48
Marexar CX	28-80	3,5-4,5	Canon	20-30
Marexar CX	35-135	4-5,6	Olympus	35-45
Marexar CX	35-70	3,5-4,8	Minolta	35-50
Marexar CX	80-205	4,5	Minolta	25-40
Marexar CX Macro	70-210	3,5	Konica	35-50
Marexar Mc Auto	135	2,8	----	40-60

Matar

Modello	Focale	f	Attacco	€
Matar	50	4,5	M42	20-35

Meopta

Modello	Focale	f	Attacco	€
Anaret	105	4,5	M39	60-90
Belar	55	4,5	Pe	35-40
Belar	75	4,5	C	45-80
Belar	105	4,5	M30	30-50
Dittar	105	3,5	Pe	60-85
Largor	12,5	1,8	M25	120-160
Meopar	210	4,5	Lf	40-70
Meopta	75	4,5	23,5	15-28
Meopta	240	5,6	Projector	35-55
Meostigmat	70	1,4	Projector	190-240
Meostigmat	100	1,7	Projector	280-340
Miron	150	2,8	Projector	55-75
Openar	20	1,5	C	75-100
Openar	20	1,8	Micro 4/3	75-120
Openar	40	1,8	C	170-220
Openar	80	2,8	C	90-140
Tele Mirar	135	4,5	M37	100-140

Meyer

Modello	Focale	f	Attacco	€
Domiron	50	2	Exakta	800-1000
Gorlitz Primoplan	58	1.9	Exakta	200-250
Jubilee Edition	210	4,5	----	240-280
Kino-Plasmat	12,5	1,5	----	300-500
Kino-Plasmat	35	1,5	----	7000-9000
Kino-Plasmat	50	1,5	Contax	16000-24000
Kino-Plasmat	50	2	M39	480-620
Makro-Plasmat	105	2,7	Exakta	1900-2600
Makro-Plasmat	35	2,7	M39	14000-19000
Makro-Plasmat	75	2,9	M39	1200-1600
Meyer	500	5,6	Pentacon	220-280
Optik Gorlitz	30	3,5	Exakta	100-140
Optik Trioplan	50	2,9	Exakta	80-130
Orestegon	300	4	Exakta	65-95
Oreston	50	1,8	Exakta	90-140
Primagon	35	4,5	Exakta	40-70
Primoplan	100	1,9	Exakta	1400-1900
Primoplan	58	1,9	M39	1400-1900
Primoplan	75	1,9	Exakta	950-1200
Primoplan	80	1,9	Exakta	1500-2000
Primotar	85	2,8	Exakta	320-400
Telemegor	300	4,5	----	70-90
Telemegor	400	5.5	Exakta	140-170
Telemegor V	400	5,5	Hasselblad	280-340
Trioplan	100	2,8	Exakta	70-100
Trioplan	105	4,5	M39	700-900
Weitwinkel Anast	40	4,5	M39	1200-1600

Mikar

Modello	Focale	f	Attacco	€
Mikar	55	4,5	Pe	20-40

Minolta

Modello	Focale	f	Attacco	€
Big Beercan	75-300	4,5-5,6	----	205-300
Minolta	100-400	4,5-6,7	----	405-520
Minolta	70-210	3,5-4,5	----	65-90
Minolta	28-135	4-4,5	----	200-350
Minolta	100-200	4,5	----	60-100
Minolta	24-105	3,5-4,5	----	175-230
Minolta	28-100	3,5-5,6	----	25-80
Minolta	35-70	4	----	25-80
Minolta	24-50	4	----	100-145
Minolta	17-35	3,5 G	----	950-1250
Minolta	20-35	3,5-4,5	----	200-250
Minolta	20	2,8	----	350-425
Minolta	24	2,8	----	135-200
Minolta	28	2	----	560-690
Minolta	28	2,8	----	50-120
Minolta	35	2	----	650-850
Minolta	50	1,4	----	175-250
Minolta	50	1,7	----	60-100
Minolta	100	2	----	700-950
Minolta	135	2,8	----	250-400
Minolta (Beercan)	70-210	4	----	125-200
Minolta (D)	75-300	4,5-5,6	----	60-130
Minolta Af	70-210	4	----	80-120
Minolta Af	35-80	4-5,6	----	40-60
Minolta Af	20	2,8	----	300-360
Minolta Af	50	1,7	----	100-140
Minolta Af Zoom	80-200	4,5-5,6	----	90-120
Minolta Apo	100-300	4,5-5,6	----	225-350
Minolta Apo	200	2,8	----	700-900
Minolta Apo	300	2,8	----	1800-2500
Minolta Apo (D)	100-300	4,5-5,6	----	250-350
Minolta Apo G	70-200	2,8	----	1375-1700
Minolta Apo G	600	4	----	5000-6100

Modello	Focale	f	Attacco	€
Minolta Apo Macro	200	4	----	1800-2150
Minolta Apo nero	80-200	2,8	----	710-720
Minolta Fisheye	16	2,8	----	400-600
Minolta G	28-70	2,8	----	610-800
Minolta G	35	1,4	----	800-1000
Minolta G	85	1,4	----	700-850
Minolta Hs Apo G	600	4	----	5500-7100
Minolta Hs-Apo G	80-200	2,8	----	1100-1300
Minolta Hs-Apo G	200	2,8	----	950-1300
Minolta Hs-Apo G	300	2,8	----	2200-2900
Minolta Hs-Apo G	300	4	----	1000-1300
Minolta Hs-Apo G	400	4,5	----	2100-2750
Minolta Macro	50	2,8	----	180-250
Minolta Macro	50	3,5	----	175-225
Minolta Macro	100	2,8	----	350-500
Minolta Original	28-85	3,5-4,5	----	59-120
Minolta Reflex	500	8	----	490-650
Minolta Rokkor	200	4	----	35-55
Minolta Shutter	80-200	4,5-5,6	----	35-50
Minolta Shutter	35-80	4-5,6	----	29-55
Minolta Stf	135	2,8	----	1000-1300
Soft Focus	100	2,8	----	550-750

Mir

Modello	Focale	f	Attacco	€
Mir20 M Mc	20	3,5	M42	140-180
Mir 1B	37	2,8	Nikon	70-100
Mir 1	37	2,8	Kiev	40-70
Mir 10 A	28	3,5	M42	140-180
Mir 24 M Mc	35	2	M42	65-95
Mir 24 N Mc	35	2	Nikon Ai	140-160
26 B	45	3,5	Kiev 80	35-55
Mir 47 K	20	2,5	Pentax K	250-300

Miranda

Modello	Focale	f	Attacco	€
Miranda	70-210	4,5-5,6	Minolta	20-40
Miranda	80-200	4,5	M42	20-30
Miranda	135	2,8	----	70-100
Miranda Auto	35	2,8	----	45-70
Miranda Auto	50	1,4	----	40-55
Miranda Auto	50	1,8	----	48-80
Miranda Auto	50	1,9	----	32-52
Miranda Auto	105	2,8	----	45-70
Miranda Auto	135	3,5	----	28-45
Miranda Auto	135	2,8	----	28-50
Miranda Auto	200	3,5	----	65-90
Miranda Auto E	50	1,4	----	70-100
Miranda Auto Ec	28	2,8	---	110-160
Miranda Auto Ec	40	1,4	---	85-120
Miranda Macro	35-135	3,5-4,5	----	30-60
Miranda Macron	52	2,8	----	170-240
Miranda Mc Macro	75-200	4,5-5,3	Pentax K	45-72

Mitakon

Modello	Focale	f	Attacco	€
Macro	28-200	3,8-5,5	Canon	55-80
Macro	28-80	3,5-4,5	Pentax	30-50
Mc	85-300	5,6	Olympus	25-45
Mc	75-240	4,5	Pentax	45-70
Mc	35-200	3,5-4,5	Yashica	40-70
Mc	70-210	3,5-4,5	Nikon Ais	45-70
Mc	80-200	4,5	Contax	30-50
Mc	75-150	3,9	Yashica	28-40
Mc	35-70	3,5-4,5	Pentax K	45-60
Mitakon	28	2,8	Minolta	20-40
Mitakon	50	1,7	Pentax Pk	30-60

Naigon

Modello	Focale	f	Attacco	€
Naigon	28-70	3,5-4,5	Canon	80-100
Naigon	35-70	2,8-3,8	Canon	80-100
Naigon	35-70	2,8-3,8	Canon	50-90

Nicola Perscheid

Modello	Focale	f	Attacco	€
Busg A-G Rathenow	420	4,5	----	2500-3500

Nikon

Modello	Focale	f	Attacco	€
Nikkor Af	80-400	4,5-5,6	----	750-850
Nikkor Af	70-210	4-5,6	----	120-150
Nikkor Af	24-120	3,5-5,6	----	220-280
Nikkor Af	300	4	----	400-600
Nikkor Af D	80-200	4,5-5,6	----	80-110
Nikkor Af G nero	70-300	4-5,6	----	90-120
Nikkor Af-S	16-85	3,5-5,6	----	380-450
Nikkor Afs Dx	18-135	3,5-5,6	----	120-180
Nikkor Af-S Dx If	12-244	----	----	560-620
Nikkor Micro Af	105	2,8	----	280-370
Nikon (a specchio)	1000	11	----	500-600
Nikon (con shutter)	210	5,6	----	160-220
Nikon 1 Nikkor	10	2,8	----	80-120
Nikon Af	80-200	2,8	----	450-550
Nikon Af S	24-85	3,5-4,5	----	180-240
Nikon Afs	24-120	4	----	800-1000
Nikon Afs	16-85	3,5-5,6	----	350-450
Nikon Afs	24-85	3,5	----	400-500
Nikon Afs Asp	24-120	3,5-5,6	----	280-360

Modello	Focale	f	Attacco	€
Nikkor Af Dx Ef	18-105	3,5-5,5	----	125-155
Nikkor Af Dx S	55-200	4-5,6	----	80-100
Nikkor Af Ed G	200-400	4	----	1500-2000
Nikkor Af Ed If S	200	2	-----	3000-4000
Nikkor Af Ed If S	500	4	----	2400-3000
Nikkor Af Ed Is	17-35	2,8	----	650-750
Nikkor Af Ed S	28-300	3,5-5,6	----	450-550
Nikkor Af Ed S	18-135	3,5-5,6	----	80-100
Nikkor Afs Asp	18-35	3,5-4,5	----	280-380
Nikkor Afs Asp	14-24	2,8	----	900-1200
Nikkor Ed Af Is	18-35	3,5-4,5	----	250-300
Nikkor Ed Af S	300	2,8	----	1800-2200
Nikkor Ed Dx G	18-70	3,5-4,5	----	90-130
Nikkor Ed If Af S	600	4	----	2800-3500
Nikkor Micro Af	105	2,8	----	250-300
Nikon All nero	135	3,5	----	180-220
Nikon Chrome	135	3,5	----	80-120
Nikon Ed	300	4	----	170-220
Nikon El	50	2,8	Pe	45-70
Nikon Micro Nikkor Ais	200	4	----	300-400
Nikon N Ai (pre AI)	50	1,4	----	120-160
Nikon nero	135	3,5	----	100-140
Nikon Nikkor	50-300	4,5	----	270-320
Nikon Nikkor	30-110	3,8-5,6	----	80-140
Nikon Nikkor	10-30	3,5-5,6	----	80-100
Nikon Nikkor	20	3,5	----	280-360
Nikon Nikkor	21	4	----	550-650
Nikon Nikkor	35	2	----	140-180
Nikon Nikkor	40	4	----	280-360
Nikon Nikkor	180	2,8	----	270-320
Nikon Nikkor	200	4	----	80-120
Nikon Nikkor Af	85	1,4	----	400-500
Nikon Nikkor Af	200-500	5,6	----	800-1400

Nikon Nikkor Af	18-200	3,5-5,6	----	250-320
Nikon Nikkor Af	35-70	2,8	----	80-120
Nikon Nikkor Af	20-35	2,8	----	500-600
Nikon Nikkor Af	14	2,8	----	720-820
Nikon Nikkor Af	20	2,8	----	280-320
Nikon Nikkor Af	85	1,8	----	250-300
Nikon Nikkor Af	105	2	----	850-950
Nikon Nikkor Af	135	2	----	850-950
Nikon Nikkor Af	200	2	----	4000-5000
Nikon Nikkor Af Asp	24-120	4	----	800-900
Nikon Nikkor Af Asp	14	2,8	----	700-820
Nikon Nikkor Af Ed	105	2,5	----	250-300
Nikon Nikkor Af Ed	300	2,8	----	800-1000
Nikon Nikkor Af S	70-300	4,5-5,6	----	190-240
Nikon Nikkor Ai	80-200	4,5	----	60-90
Nikon Nikkor Ai	80-200	4,5	----	80-100
Nikon Nikkor Ai	43-86	3,5	----	60-90
Nikon Nikkor Ai	16	2,8	----	280-350
Nikon Nikkor Ai	18	4	----	340-400
Nikon Nikkor Ai	28	2	----	180-220
Nikon Nikkor Ai	50	1,2	----	150-200
Nikon Nikkor Ai	50	1,4	----	100-140
Nikon Nikkor Ai	55	3,5	----	100-140
Nikon Nikkor Ai	135	3,5	----	80-100
Nikon Nikkor Ai S	25-50	4	----	150-180
Nikon Nikkor Ais	35-135	3,5-4,5	----	120-160
Nikon Nikkor Ai-s	28	2,8	----	140-180
Nikon Nikkor Ai-s	35	1,4	-----	450-550
Nikon Nikkor Ai-s	50	1,2	----	300-400
Nikon Nikkor Au S	105	1,8	----	280-320
Nikon Nikkor Ed	28-70	2,8	----	400-500
Nikon Nikkor Ed Af	80-400	4,5-5,6	----	500-600
Nikon Nikkor M	200	8	----	520-700
Nikon Nikkor M	300	9	----	620-780
Nikon Nikkor M	450	9	----	2300-2500
Nikon Nikkor Micro	55	3,5	----	120-170

Modello	Focale	f	Attacco	€
Nikon Nikkor Reflex	500	8	----	250-290
Nikon Nikkor Sw	65	4	----	700-760
Nikon Nikkor Sw	75	4,5	----	1100-1300
Nikon Nikkor Sw	90	4,5	----	1200-1400
Nikon Nikkor Sw	90	8	----	450-550
Nikon Nikkor Sw	120	8	----	1000-1200
Nikon Nikkor Sw	150	8	----	2200-2350
Nikon Nikkor T Ed	270	6,3	----	1350-1550
Nikon Nikkor T Ed	360	8	----	1850-2000
Nikon Nikkor T Ed	500	11	----	1850-2000
Nikon Nikkor T Ed	600	9	----	2600-2700
Nikon Nikkor T Ed	720	16	----	1900-2200
Nikon Nikkor T Ed	800	12	----	2800-3000
Nikon Nikkor T Ed	1200	18	----	2200-2350
Nikon Nikkor W	105	5,6	----	400-590
Nikon Nikkor W	150	5,6	----	460-650
Nikon Nikkor W	180	5,6	----	560-750
Nikon Nikkor W	210	5,6	----	580-750
Nikon Nikkor W	240	5,6	----	1100-1250
Nikon Nikkor W	300	5,6	----	1450-1600
Nikon Nikkor W	360	6,5	----	1500-1700

Nikula

Modello	Focale	f	Attacco	€
Nikula 8x60s	800	8	Sony Alpha	180-250
Nikula 8x60s	800	8	Nikon	180-250
Nikula 8x60s	800	8	Canon	180-250
Nikula 8x60s	800	8	Pentax	160-240
Nikula 8x60s	800	8	Olympus 4/3	170-240
Nikula 8x60s	800	8	Micro 4/3	160-220

Novoflex

Modello	Focale	f	Attacco	€
Auto	105	3,5	----	160-190
Auto	105	4	Contax	220-260
Noflexar Mf	300	5,6	Exakta	280-350
Noflexar Mf	400	5,6	----	150-250
Noflexar Mf	600	8	----	150-250

Navitar

Modello	Focale	f	Attacco	€
Navitar	18-180	2,2	C	170-220
Navitar	12,5-75	1,8	C	160-210
Navitar	6	1,4	---	25-50
Navitar	50	0,95	C	700-900
Pulnix TM-9701	75	1,3	----	160-200

Norisstar

Modello	Focale	f	Attacco	€
Norisstar	150	3,5	Projector	20-45

Ocean

Modello	Focale	f	Attacco	€
Ocean	28	2,8	----	50-70
Ocean	75	3,5	----	18-40
Ocean	135	3,5	M42	55-80

Officine Galileo

Modello	Focale	f	Attacco	€
Aerostigmat	300	4,5	--—	120-160
Inora	50	3,5	----	28-45
Neocinar	160	----	Projector	140-190
Neocinar	180	----	Projector	150-200
Ogmar	90	4	L39	600-800
Repho	50	3,5	----	35-55

Olympus

Modello	Focale	f	Attacco	€
Af	70-210	3,5-4,5	----	25-40
Lh-70 Zuiko	14-54	2,8-3,5	----	35-55
Lh-70b Zuiko	50-200	2,8-3,5	----	35-55
M.Zuiko Digital	75	1,8	----	400-500
Olympus	80-200	----	----	35-55
Om	35-70	----	Olympus	100-150
Om	40	2	Canon	250-300
Om Zuiko	85-250	5	----	150-250
Om Zuiko	75-150	4	----	70-120
Om Zuiko Macro	50	3,5	----	100-150
Om Zuiko Mc	28	2	----	180-350
Power Focus Af	35-70	3,5-4,5	----	20-35
Super Ozeck Macro	75-150	3,8	----	28-40
Zuik Ed argento	40-150	4,0-5,6	----	80-110
Zuiko	75-150	4	----	25-45
Zuiko	35-70	4	----	45-70
Zuiko	14-42	3,5-5,6	----	55-80
Zuiko	13	3,5	----	28-45
Zuiko	28	3,5	----	20-35
Zuiko	50	1,8	----	35-50
Zuiko	60	2,8	Micro 4/3	180-220
Zuiko	135	3,5	----	55-80
Zuiko Af Ed Pro	12-40	2,8	----	450-550

Modello	Focale	f	Attacco	€
Zuiko Auto-S	50	1,8	Om	25-50
Zuiko Digital	70-300	4-5,6	4/3	140-180
Zuiko Digital	40-150	3,5-4,5	----	35-55
Zuiko Digital	25	1,8	----	160-200
Zuiko Digital Ed	40-150	2,8	----	650-750
Zuiko Digital Ed	8	1,8	----	500-600
Zuiko Om	65-200	4	----	150-200
Zuiko Om	100	2,8	----	90-120
Zuiko Om AutoT	85	2	----	160-200

Opteka

Modello	Focale	f	Attacco	€
Asp	6,5	3,5	Canon	70-100
Mc Macro(specchio)	500	8	Canon	45-60
Opteka	650-1300	8-16	----	100-150

Optomax

Modello	Focale	f	Attacco	€
Optomax	85-205	3,5	M42	40-70
Optomax	28	2,8	Olympus	70-90
Optomax	35	2,8	M42	40-70
Optomax	135	3,5	M42	30-50
Optomax	135	2,8	M42	40-70
Optomax	200	4,5	M42	45-70
Optomax	300	5,6	M42	75-100

Osawa

Modello	Focale	f	Attacco	€
Osawa	80-205	4,5	----	29-45
Osawa	70-140	3,8	----	25-50
Osawa Macro	28-80	3,-4,5	Mamiya	28-45
Osawa Mc	75-150	3,8	----	24-40
Osawa Mc	38-70	3,5	----	25-45
Osawa Mc	135	2,8	Mamiya	25-50
Osawa Mc Macro	80-205	4,5	Contax	28-45
Osawa Mc Mf	28	2,8	Canon Fd	30-55
Osawa Mf	28-50	3,5-4,5	----	32-47
Osawa Mf	650	8,5	Nikon	30-60
Tominon El	75	4,5	----	40-60

Panagor

Modello	Focale	f	Attacco	€
Panagor	80-200	3,8	Minolta	29-42
Panagor	80-200	3,9	Canon	45-85
Panagor	35-100	3,5	Canon	80-120
Panagor	28	2,8	Minolta	35-55
Panagor	135	2,8	Konica	20-40

Panasonic

Modello	Focale	f	Attacco	€
Lumix Pancake	14	2,5	----	200-240
Panasonic	45-175	4-5,6	----	350-380
Panasonic	45-150	4-5,6	----	280-320
Panasonic	14-42	3,5-5,6	----	250-290
Panasonic	8	3,5	----	550-650
Panasonic	42,5	1,7	----	280-350
Panasonic Asp	20	1,7	----	140-180
Panasonic G	12,5	1,2	----	190-240
Panasonic G Asp	20	1,7	4/3	240-290
Panasonic G Asp	42,5	1,2	----	800-1000

Modello	Focale	f	Attacco	€
Panasonic G Vario	100-300	4-5,6	----	350-450
Panasonic G Vario	45-200	4-5,6	----	240-280
Panasonic G Vario	35-100	4-5,6	----	350-400
Panasonic G Vario	14-40	3,5-5,6	----	350-470
Panasonic G Vario	12-35	2,8	----	280-320
Panasonic G Vario	12-32	3,5-5,6	----	280-310
Panasonic G Vario	7-14	4	----	550-650
Panasonic G X Vario	35-100	2,8	----	800-950

Peleng

Modello	Focale	f	Attacco	€
Belomo	17	2,8	M42	200-250
Fisheye	8	3,5	Micro 4/3	270-320
Fisheye	8	3,5	Sony NEX	260-300
Fisheye	8	3,5	Minolta Md	270-320
Fisheye	8	3,5	Canon FD	270-320
Fisheye	8	3,5	Samsung NX	270-320
Fisheye	8	3,5	Contax/Yashica	270-320
Fisheye	8	3,5	Nikon	260-300

Pentacon

Modello	Focale	f	Attacco	€
Pentacon	30	3,5	M42	95-140
Pentacon	135	2,8	M42	140-180
Pentacon	200	4	M42	140-160
Pentacon Auto	50	1,8	M42	60-90
Pentacon Auto	100	2,8	M42	160-190
Pentacon Electric	29	2,8	M42	145-200
Pentacon Mc	29	2,8	M42	28-50
Pentacon Prakticar	50	2,4	----	28-45

Pentax

Modello	Focale	f	Attacco	€
Asahi Pentax	50	1,4	----	80-100
Asahi Pentax	150	4	----	120-160
Asahi Pentax A	16	2,8	K	350-450
Asahi Pentax Macro	135	4	6x7	190-250
Pentax	28-80	3,5-5,6	K	35-55
Pentax	18-55	3-5,6	----	50-75
Pentax	28-50	3,5-4,5	----	120-145
Pentax	35	2,4	----	80-120
Pentax	45	4	6x7	85-120
Pentax	50	1,7	K	45-70
Pentax	50	2	----	40-60
Pentax	50	1,4	Vite	80-120
Pentax	50	1,2	----	400-480
Pentax	50	1,4	Vite	80-120
Pentax	50	1,2	----	400-480
Pentax	55	4	6x7	40-60
Pentax	55	2,2	M42	70-110
Pentax	70	2,80	----	80-100
Pentax	300	6,3	M42	70-95
Pentax 645	55	2,8	----	180-220
Pentax 645	75	2,8	----	190-250
Pentax 645	150	3,5	----	180-260
Pentax 67	165	2,8	----	150-210
Pentax 67	200	4	----	150-200
Pentax 67	300	4	----	350-450
Pentax 67	300	4	----	180-240
Pentax 67 Macro	100	4	----	350-450
Pentax Af	35-80	4-5,6	----	40-60
Pentax Af	28-70	4	----	50-80
Pentax Da	35	2,4	----	75-110
Pentax Ed Limited	15	4	----	450-550
Pentax Fa	55-110	5,6	----	450-550
Pentax Fa	45-85	4,5	----	450-550
Pentax Fa	43	1,9	----	350-450

Modello	Focale	f	Attacco	€
Pentax M	40	2,8	----	35-55
Pentax Macro	28-80	3,5-4,5	----	120-140
Pentax Macro	40-80	2,8-4	----	50-75
Pentax Mf	28	2,8	----	25-40
Pentax Prime	8,5	1,9	----	120-160
Pentax Q	3.2	5,6	----	70-100
Pentax Smc	55-300	4-5,8	----	80-120
Pentax Smc	50-200	4-5,6	----	100-125
Pentax Smc	21	3,2	Da	250-290
Pentax Smc	120	2,8	----	170-220
Pentax Smc	135	3,5	----	60-90
Pentax Smc	135	3,5	----	45-60
Pentax Smc (1975)	55	1,8	----	15-25
Pentax Smc Af	80-200	4,7-5,6	----	50-80
Pentax Smc Macro	70-210	4	----	120-160

Petri

Modello	Focale	f	Attacco	€
Auto	55	1,8	----	15-25
Petri	85-210	4,8	----	30-50
Petri	85-205	3,5	----	25-45
Petri	80-200	4,5	----	50-70
Petri	28	3,5	----	20-35
Petri	35	2,8	----	30-50
Petri	55	2	----	25-40
Petri	55	1,4	----	35-45
Petri	135	3,5	----	25-40
Petri	135	2,8	----	25-40
Petri	135	3,8	----	20-35
Petri	200	4	----	45-60
Petri	200	3,5	M42	130-160

Perken Son & Rayment Hatton

Modello	€
Garden London Rapid Rectilinear circa 1890	100-250

Petzval

Modello	Focale	f	Attacco	€
Petzval	200	6,6	----	200-400
Petzval	210	3,5	Graflex	300-450
Petzval	225	4	----	600-800
Petzval	300	8	----	400-550
Petzval fatto di ottone	85	2,2	----	500-700
Petzval fatto di ottone	100	4,5	----	200-400
Petzval fatto di ottone	440	----	----	200-400
Petzval fatto di ottone per collodio	----	----	----	300-450
Petzval fatto di ottone per dagherrotipi	----	----	----	400-600

Phoenix

Modello	Focale	f	Attacco	€
Af	100-400	4,5-6,7	Canon	110-145
Af	100-300	5,6-6,7	Nikon	45-60
Af	19-35	3,5-4,5	Canon	60-85
Ag	70-210	4,5-5,6	Canon	30-50
Macro	28-80	3,5-5,6	----	20-35
Macro	24	2,8	Minolta	35-50
Phoenix	70-300	4,5-5,6	Sony	45-65
Phoenix	75-300	4,5-5,6	Minolta	35-55
Phoenix	28-210	3,5	Minolta	65-85
Phoenix	500	8	Canon	60-85

Phokinar

Modello	Focale	f	Attacco	€
Phokinar	135	2,8	M42	60-80
Phokinar	200	3,5	M42	35-60

Porst

Modello	Focale	f	Attacco	€
Color Reflex	55	1,4	M42	55-90
Color Reflex Auto	55	2,8	M42	25-40
Color Reflex D	50	1,9	----	20-40
Color Reflex Mc	55	1,2	Nikon	150-190
Color Reflex Mc Auto	50	1,4	----	35-55
Color Reflex Mc Auto	50	1,7	M42	50-80
Color Reflex Mc Auto	55	1,4	M42	40-55
Color Reflex Umc	50	1,6	----	30-50
Mc	50	1,4	Sony	60-90
Porst	28	2,8	Fujica	30-50
Porst	35	2,8	M42	28-45
Porst	50	1,9	Fujica	40-60
Porst	135	2,8	Pentax K	29-45
Porst Super-Ww	28	2,8	M42	28-40
Tele	135	3,5	M42	30-50
Tele Auto D	200	3,3	M42	70-95
Tele Gmc	135	2,8	----	30-50
Tele Mc Auto D	135	2,8	Pentax K	40-60
Tele-Zoom-As Mc/Macro	75-200	3,8	Pentax K	40-70
Uni-Zoom Macro	35-105	3,5	Pentax K	40-70
Ww Macro	24	3,5	----	55-90
Ww-Macro	28	2,8	----	60-85

Polaroid

Modello	Focale	f	Attacco	€
Polaroid (shutter)	17	4	----	90-125
Studio Series	52	2,2	----	25-45
Studio Series Macro.X43	58	---	----	20-50
Super telephoto 42X	----	---	-----	40-70
Tominon (shutter)	135	4,5	----	50-85
Tominon (shutter)	75	4	----	80-120

Prinzflex

Modello	Focale	f	Attacco	€
Auto	100-200	5,6	M42	20-40
Auto Reflex	135	3,5	----	25-40
Auto Reflex	135	2,8	M42	20-40
Auto Reflex	200	3,5	M42	20-40
Mc	70-162	----	Pentax Pk	20-40
Mc Zoom	35-70	3,5-4,5	Pentax K	20-40
Prinzflex	80-200	4,5-5,6	M42	20-30
Prinzflex	100	2,8	M42	25-45
Prinzflex	28	2,8	M42	20-40
Prinzflex	23	3,5	M42	35-55
Prinzflex	200	3,3	Pentax K	35-50
Prinzflex	35	5,6	Pentax-K	40-60
Prinzflex	135	2,8	Pentax K	22-42
Super Ttl	55	1,7	----	22-40

Promaster

Modello	Focale	f	Attacco	€
A specchio	500	8	Canon	55-75
Af	28-200	3,8-5,6	Minolta	45-60
Af	80-210	4,5-5,6	Pentax	65-85
Spectrum	100-400	4,5-6,7	Canon	120-150
Spectrum	60-300	4-5,6	Pentax	40-60
Spectrum	70-210	4-5,6	Sony	35-50
Spectrum	28-70	2,8-4,5	----	20-35
Spectrum	19-35	3,5-4,5	----	40-60
Spectrum	28	2,8	Konica	25-40
Spectrum	100	3,5	Minolta	40-60

Quantaray

Modello	Focale	f	Attacco	€
Quantary	100-300	4,5-6,7	Canon	60-80
Quantary Mc	28	2,8	Minolta	25-40
Quantary	28-90	3,5-5,6	Canon	25-40
Quantary Mc	28-200	3,5-5,6	Minolta	30-50
Quantary	400	6,3	T	25-40
Quantary Af	70-210	4-5,6	Pentax	25-40
Quantary Af	24	2,8	Canon	75-90
Quantary	75-300	4,5-5,6	Minolta	25-45

Revuenon

Modello	Focale	f	Attacco	€
Revuenon	135	2,8	Vite M42	60-80
Revuenon	240	4	----	45-65
Revuenon	55	1,2	Pentax Pk	350-400
Revuenon	85-205	3,9	M42	120-180
Revuenon Auto	55	2,8	M42	40-60
Revuenon Auto	55	2	M42	25-40
Revuenon Auto	55	1,4	M42	120-150
Revuenon Auto	35-100	3,5-4	Pk	45-60
Revuenon Auto	55	1,4	M42	85-120
Revuenon Auto Mc	50	1,4	Pentax K	70-95
Revuenon Auto Mc	80-200	4,5	----	120-180
Revuenon Mc Macro	24	4	M42	120-150
Revuenon Mc Macro	28	3,5	M42	90-120
Revuenon Special Mf	35	2,8	M42	30-50
Revuenon Ultra	55	4	----	25-45

Rodenstock

Modello	Focale	f	Attacco	€
Apo-Grandagon N	35	4,5	----	1000-1200
Apo-Grandagon N	45	4,5	----	800-1000
Apo-Grandagon N	55	4,5	----	1000-1200
Apo-Ronar	150	9	----	550-750
Apo-Ronar	240	9	----	1000-1200
Apo-Ronar	300	9	----	1100-1300
Apo-Ronar	360	9	----	1350-1550
Apo-Ronar	480	9	--—	2100-2300
Apo-Sironar N	100	5,6	--—	399-599
Apo-Sironar N	135	5,6	----	400-600
Apo-Sironar N	150	5,6	----	450-650
Apo-Sironar N	180	5,6	----	650-850
Apo-Sironar N	210	5,6	----	600-800
Apo-Sironar N	240	5,6	----	1200-1400
Apo-Sironar N	300	5,6	----	1700-1900
Apo-Sironar N	360	6,8	----	1850-2050
Apo-Sironar N	480	8,4	----	3000-3200
Apo-Sironar S	135	5,6	----	500-700
Apo-Sironar S	150	5,6	----	550-750
Apo-Sironar S	180	5,6	----	700-900
Apo-Sironar S	210	5,6	----	850-1050
Apo-Sironar S	240	5,6	----	1560-1760
Apo-Sironar S	300	5,6	----	1900-2100
Apo-Sironar S	360	6,8	----	2390-2590
Apo-Sironar W	150	5,6	----	1000-1200
Apo-Sironar W	210	5,6	----	1699-1899
Apo-Sironar W	300	5,6	----	2800-3000
Grandagon N	65	4,5	----	1100-1300
Grandagon N	75	4,5	----	1000-1200
Grandagon N	75	6,8	----	649-849
Grandagon N	90	4,5	----	1200-1400
Grandagon N	90	6,8	----	819-1019
Grandagon N	115	6,8	----	1300-1500
Grandagon N	155	6,8	----	2800-3000

Modello	Focale	f	Attacco	€
Grandagon N	200	6,8	----	4400-4600
Omegaron	50	3,5	Pe	55-70
Omegaron	90	4,5	Pe	60-80
Rodagon	50	4,5	----	80-120
Rodagon	50	2,8	----	250-300
Rodagon	50	5,6	Pe	60-95
Rodagon	60	5,6	----	70-100
Rodagon	105	5,6	----	140-200
Rodagon	135	5,6	----	170-220
Rodagon	150	5,6	Pe	80-120
Rodenstock	150	5,6	----	80-120
Rodenstock	210	5,6	----	70-90
Rogonar	50	2,8	Pe	60-90
Sironar	150	5,6	----	380-480
Sironar-N	240	5,6	----	400-550
Sironar-N	360	6,8	----	600-800

Roeschlein Kreuznach

Modello	Focale	f	Attacco	€
Angluon	90	6,8	Lf	80-140
Componar	50	2,8	Pe	18-28
Componar	75	4 5	----	45-85
Componon	80	5,6	----	20-50
Curtagon	35	4	Pentax Pk	180-240
E Telenar	90	3,8	M39	80-110
Radiogon	35	4	----	70-100
Retina-Curtagon	28	4	----	45-75
Stellar	55	2,8	Projector	18-30
Super Angulon	90	2,8	----	170-210
Super Angulon Mc	90	8	----	140-180
Symmar	150	5,6	----	60-90
Symmar	150	5,6	----	80-110
Symmar	210	5,6	----	70-95

Modello	Focale	f	Attacco	€
Symmar	300	5,6	----	290-350
Tele-Arton	270	5,5	----	120-160
Telenar	135	5,6	M39	80-120
Tele-Xenar	135	4	----	50-80
Variogon	18-90	2	Micro 4/3	400-550
Variogon Macro	140-280	5,6	Hasselblad	800-950
Xenar	38	2,8	----	35-60
Xenar	50	2,8	M42	70-90
Xenar	210	4,5	----	110-140
Xenoplan	50	2,8	C-Mount	140-180

Rokinon

Modello	Focale	f	Attacco	€
16MAF-N	16	2	Nikon	280-350
300M-N	300	6,3	Nikon	120-140
AS ED UMC	20	1,8	Canon	400-450
CV12M-MFT	12	2,2	Micro 4/3	350-400
CV85M-C	85	1,5	Canon	270-300
DS50M-NEX	50	1,5	Sony	420-470
ED AS NCS CS	10	2,8	Canon	240-270
Fe14 M-E	14	2,8	Sony	240-280
FE75MFT-B	7,5	3,5	Olympus	200-250
FE8M-C	8	3,5	Canon	150-200
NCS CS	12	2	Sony	280-320
RK21M-E	21	1,4	Sony	320-360
Rokinon	24	1,4	Canon	380-420
Rokinon	35	1,4	Canon	350-400
Rokinon Asp	85	1,4	Samsung	180-240
Rokinon Ed Umc	135	2	Sony	370-400
Rokinon UMC	100	2,8	Sony	400-450

Rollei

Modello	Focale	f	Attacco	€
Rollei Heidosmat	110-160	3,5	Projector	80-120
Rollei Heidosmat	90	2,4	Projector	50-80
Rollei Hft Distagon	50	4	----	280-360
Rollei Hft Sonnar	250	5,6	----	250-350
Rollei Planar	50	1,4	----	150-200
Rollei Planar macro	120	5,6	----	550-640
Rollei Planar Sl	50	1,8	----	120-160
Rollei Rolleigon	150	4	----	280-350
Rollei Rolleinar	80-200	4	----	160-220
Rollei Rolleinar	28	2,8	----	120-150
Rollei Rolleinar Mc	35-105	3,5	----	120-160
Rollei Rolleinar Mc	21	4	----	250-350
Rollei Rolleinar Mc	200	3,5	----	250-350
Rollei Rolleinar Mc	200	3,5	----	90-140
Rollei Sonnar	150	4	----	550-650
Rolleiflex Planar	80	2,8	----	400-500
Rolleinar-Mc	135	2.8	Rollei	80-100
Rollri Rolleinar Apo	70-210	3,5-4,5	----	350-440

Ross London

Modello	€
Homocentric	400-550

Samyang

Modello	Focale	f	Attacco	€
Samyang	650-1300	8-16	4/3	180-220
Samyang	100-500	5,6-7,1	Canon Fd	180-220
Samyang	7,5	3,5	Micro 4/3	200-250
Samyang	8	3,5	Olympus	250-350
Samyang	10	2,8	Canon Eos	280-360

Modello	Focale	f	Attacco	€
Samyang	12	2	Sony	250-350
Samyang	12	2	Sony E	100-140
Samyang	12	2,8	Pentax	420-480
Samyang	14	2,8	----	250-290
Samyang	16	2	Fuji-X	200-250
Samyang	24	3,5	Sony E	500-700
Samyang	35	1,4	Canon Ef	370-420
Samyang	35	1,1	Canon	300-400
Samyang	85	1,4	Canon	250-350
Samyang	300	6,3	4/3	280-320
Samyang	500	8	----	85-100
Samyang	500	8	Canon	140-180
Samyang As Umc	14	2,8	Canon	170-220
Samyang As Umc	14	3,1	Sony	210-250
Samyang As Umc	16	2,2	Sony	200-240
Samyang As Umc	35	1,4	Sony	190-250
Samyang As Umc	35	1,5	Sony	170-200
Samyang Asf	85	1,4	Nikon	140-170
Samyang Asfmc	8	3,5	----	180-220
Samyang Catad.	800	8	----	180-220
Samyang Fisheye	8	3,5	Canon Eos	200-300
Samyang Mc	500	6,3	Canon	170-220
Samyang Umc	8	2,8	----	180-260
Samyang Umc	8	3,8	Olympus	320-380
Samyang Umc	7.5	3,5	Micro 4/3	180-250
Samyang Umc	24	1,4	Olympus	360-450
Samyang Umc	43	1,4	4/3	450-550
Samyang Umc	135	2	Pentax	480-520
Samyang Umc	300	6,3	Micro 4/3	210-250

Schast

Modello	Focale	f	Attacco	€
Schacht Travegon	35	3,5	Exakta	45-70
Travenar	135	3,5	Exacta	75-100

Schneider

Modello	Focale	f	Attacco	€
Angulon	90	8	Sinar	450-550
Angulon (copal)	90	6,8	----	170-220
Apo-Symmar	100	5,6	----	400-600
Apo-Symmar	120	5,6	----	500-700
Apo-Symmar	135	5,6	----	500-700
Apo-Symmar	150	5,6	----	500-700
Apo-Symmar	180	5,6	----	700-900
Apo-Symmar	210	5,6	----	700-900
Apo-Symmar	240	5,6	----	1100-1300
Apo-Symmar	300	5,6	----	1600-1800
Apo-Symmar	360	6,8	----	1800-2000
Apo-Symmar	480	8,4	----	2300-2500
Apo-Tele Xenar HM	800	12	----	8700-8900
Apo-Tele-Xenar HM	400	5,6	----	300-500
Apo-Tele-Xenar HM Compact	400	5,6	----	2100-2300
Componar	75	4,5	Pe	60-85
Componon	28	4	Pe	90-140
Componon	210	5,6	Pe	90-140
G-Claron	150	9	----	400-600
G-Claron	210	9	----	600-800
G-Claron	240	9	----	600-800
G-Claron	270	9	----	800-1000
G-Claron	305	9	----	800-1000
G-Claron	355	9	----	1300-1500
M - Componon	80	5,6	M39	170-220
Schneider	360	5,5	----	400-500
Super Angulon	58	5,6	Linhof	740-820
Super Angulon	121	8	----	400-500
Super-Angulon	47	5,6	----	800-1000
Super-Angulon	65	5,6	----	1000-1200
Super-Angulon	75	5,6	----	1100-1300
Super-Angulon	90	5,6	----	1300-1500
Super-Angulon	90	8	----	800-1000

Modello	Focale	f	Attacco	€
Super-Angulon	120	8	----	1200-1400
Super-Angulon	165	8	----	3100-3300
Super-Angulon	210	8	----	5000-5200
Super-Angulon XL	38	5,6	----	1200-1400
Super-Angulon XL	47	5,6	----	1200-1400
Super-Angulon XL	58	5,6	----	1000-1200
Super-Angulon XL	72	5,6	----	1300-1500
Super-Angulon XL	90	5,6	----	1400-1600
Super-Symmar HM	120	5,6	----	1100-1300
Super-Symmar HM	150	5,6	----	1500-1700
Super-Symmar HM	210	5,6	----	2500-2700
Super-Symmar XL	80	4,5	----	1400-1600
Super-Symmar XL	110	5,6	----	1500-1700
Super-Symmar XL	150	5,6	----	2000-2200
Super-Symmar XL	210	5,6	----	2700-2900
Symmar	180	5,6	----	80-140
Symmar	240	5,6	----	450-550
Symmar-shutter copal	80	4,5	----	180-240
Symmar Apo	240	5,6	----	800-1000
Tele-Arton	250	5,6	----	140-200
Variogon	125-250	5,6	Bronica	380-440
Variogon	10-100	2	C	700-800
Xenar	150	5,6	----	200-400
Xenar	180	4,5	----	70-90
Xenar	210	6,1	----	500-700

Schneider - Kreusnach

Modello	Focale	f	Attacco	€
Apo Digitar	120	5,6	Per shutter	380-470
C Curtagon	35	2,8	----	170-220
Cinegon	10	1,8	----	95-130
Componon	35	2,8	----	270-320

Modello	Focale	f	Attacco	€
Componon	50	4	----	45-65
Componon	80	5,6	M39	80-100
Compur Super Angulon	90	5,6	Linhof	270-320
Curtagon	28	4	Exakta	120-160
Edixa Exenon	50	1,9	M42	170-220
Edixa tele exenar	135	3,5	M42	80-100
Retina Curtagon	28	4	Kodak	60-90
Retina Tele Arton	85	4	----	80-100
SL Angulon	35	2,8	Rollei	170-220
Super Angulon	40	3,5	Rollei	1200-1500
Super Angulon	65	8	----	350-400
Super Angulon	75	8	----	220-260
Super Angulon	90	8	----	250-300
Symmar	210	5,6	----	180-240
Symmar otturatore	240	5,6	----	180-250
Technika Symmar	240	5,6	----	240-280
Tele exanar	75	3,8	----	210-250
Tele exanar	135	3,5	M42	60-80
Tele exanar	135	4	----	70-95
Tele exanar	180	2,8	Rollei	1200-1400
Tele exanar	300	5,5	M42	160-220
Wa G Claron	210	9	----	140-170
Wa G Claron	210	11	----	200-250
Xenon	16	1,9	C	145-165
Xenon	50	1,9	Exakta	80-120

Schulze & Billerbeck

Modello	Focale	f	Attacco	€
Goerlitz Euryplan Series II (brass)	300	6,5	----	220-290

Sears

Modello	Focale	f	Attacco	€
Sears	60-300	4-5,6	----	25-40
Sears	75-260	4,5	Olympus	30-45
Sears	28-200	4-5,8	Nikon	40-55
Sears	70-210	4-5,6	Canon	30-45
Sears	90-230	4,5	M42	50-70
Sears	75-210	4,5	Pentax	20-35
Sears	80-200	4	Canon	28-40
Sears	55-135	3,5	----	30-45
Sears	28-85	3,5-4,5-	----	25-35
Sears	28-70	3,5-4,5	----	28-42
Sears	80-120	4	Pentax	30-45
Sears	28	2,8	Pentax	20-35
Sears	50	1,7	Pentax	25-40
Sears	50	2	Sony	28-40
Sears	55	1,4	M42	50-75
Sears	55	1,8	M42	20-35
Sears	300	5,5	M42	40-55
Sears Auto	50	1,4	----	65-85
Sears Auto	135	2,8	Pentax	45-65
Sears Macro	35-70	3,5	----	35-50

Seimar

Modello	Focale	f	Attacco	€
Donnex	80-200	4,5	Olympus Om	50-70
Donnex	80-200	4,5	Fuji X	28-45
Donnex	28- 80	3,9-4,9	Olympus Om	30-50
Donnex	28	2,8	Nikon-Canon	45-65
Donnex	135	2,8	Nikon AI	60-75
Macro	60-300	4-5,6	Sony Minolta	140-170
Seimar	70-210	4,5	Minolta Md	55-75
Seimar	80-200	4,5-5,6	M42	80-120
Seimar	35-70	3,5-4,5	Canon	70-90

Modello	Focale	f	Attacco	€
Seimar	35-70	3,5-4,5	Contax	75-95
Seimar	28	2,8	Nikon Ai	60-80
Seimar	135	2,8	Olympus	70-90
Seimar	200	4	T2	20-40
Seimar Auto Mc	28	2,8	M42	20-40
Seimar Auto Tele	70-200	3,8-4,8	----	50-70
Seimar Macro	28-200	3,5-5,5	Canon Ae-1	170-210
Seimar Macro	28-70	3,9-4,8	Canon Ae-1	95-125
Seimar Mc Macro	75-300	4,5-5,6	Olympus	40-55
Seimar Mc Macro	28-70	3,9-4,8	Contax	90-120
Seimar Mc Macro	28-70	3,9-4,8	Canon Fd	60-80
Seimar Mc Zoom Macro	24-70	3,5-4,8	Nikon Ai	95-120
Seimar Mc Zoom Macro	24-70	3,5-4,8	Olympus Om	80-100

Sesnon

Modello	Focale	f	Attacco	€
Sesnon	35	2,8	----	30-50
Sesnon Auto	135	2,8	M42	20-40
Sesnon Auto	70-215	3,8	----	30-45

Sigma

Modello	Focale	f	Attacco	€
Sigma	150-600	----	Canon	1000-2000
Sigma	18-200	3,5-6,3	----	150-250
Sigma	28-200	3,8-5,6	----	100-140
Sigma	70-210	4-5,6	Olympus Om	40-60
Sigma	80-200	4,5-5,6	M42	25-35
Sigma	70-150	3,5	Canon	45-65

Modello	Focale	f	Attacco	€
Sigma	28-105	2,8-4	Pentax K	120-140
Sigma	28-70	2,8	Canon	140-170
Sigma	28-70	3,5-4,5	Yashica	40-60
Sigma	18-35	3,5-4,5	----	170-200
Sigma	21-35	3,5-4,2	----	70-90
Sigma	21-35	3,5-4,2	Pentax K	80-140
Sigma	21-35	3,5-4,2	----	100-140
Sigma	10-20	4-5,6	Canon Eos	250-320
Sigma	24	2,8	Canon Fd	70-90
Sigma	135	3,5	Canon	40-80
Sigma	135	3,5	Canon	45-80
Sigma Af	75-300	4,5-5,6	----	65-90
Sigma Af	100-300	4,5-6,7	Pentax	50-75
Sigma Af	28-105	2,8-4	Pentax K	110-150
Sigma Af	24-70	2,8	----	400-450
Sigma Af	18-50	2,8	Nikon	200-250
Sigma Af Macro Asp	28-135	3,8-5,6	----	70-95
Sigma Apo	135-400	4,5-5,6	Canon	160-190
Sigma Apo	70-210	3,5-4-5	Minolta	50-75
Sigma Apo Dg	70-300	4-5,6	Canon	90-150
Sigma Apo Dg Af	100-300	4	Nikon	380-450
Sigma Apo Dg Os	120-400	4,5-5,6	Nikon	350-450
Sigma Apo Macro	150	2,8	Canon Eos	350-450
Sigma D	28-300	3,5-6,3	----	140-160
Sigma D	18-35	3,5-4,5	Nikon	120-140
Sigma Dc	55-200	4-5,6	----	40-60
Sigma Dg Os	70-300	4-5,6	Canon	160-220
Sigma Ex	28-70	2,8	----	150-200
Sigma Ex Asp	14	2,8	Pentax	220-280
Sigma Ex Dc	10-20	4-5,6	----	300-400
Sigma Ex Dc Macro	18-50	2,8	----	300-400
Sigma Ex Dg Hsm	50	1,4	Canon Eos	280-360

Modello	Focale	f	Attacco	€
Sigma Hsm Dc	8-16	4,5-5,6	----	500-600
Sigma Macro Dg	50	2,8	----	220-260
Sigma Macro Dc	18-50	2,8	----	270-320
Sigma Mc Mini-Wide	28	2,8	Pentax	40-55
Sigma Mini Wide	28	2,8	Olympus	35-55
Sigma Super Wide	24	2,8	Canon	40-60
Sigma Uc	70-210	4-5,6	Pentax-A	50-80

Sinar

Modello	Focale	f	Attacco	€
Sinar Apo	305	9	----	200-250
Sinaron	180	5,6	----	185-210
Sinaron	300	5,6	----	280-350
Sinaron	360	6,8	----	350-400
Sinaron (shutter)	90	8	----	1800-2000
Sinaron (shutter)	150	5,6	----	180-250
Sinaron Digital	80	4	----	400-500
Sinaron Digital	80	2,8	----	280-320
Sinaron Digital	105	4	----	350-450
Sinaron Digital Af	80	2,8	----	500-600
Sinaron Digital Macro	120	5,6	----	800-1000
Sinaron Mc	65	4,5	----	480-520
Sinaron Mc	210	5,6	----	490-550
Sinaron Mc	240	5,6	----	280-350
Sironar Db-M	240	5,6	----	500-800

Sirius

Modello	Focale	f	Attacco	€
Sirius	60-300	4-5,6	M42	30-50
Sirius	28-200	4-5,6	Praktica	40-65
Sirius	80-200	3,9	M42	25-45

Modello	Focale	f	Attacco	€
Sirius	28-70	3,5-4,5	----	28-50
Sirius Macro Mc	500	8	----	60-90
Sirius Mc	135	2,8	M42	40-60
Sirius Mc Auto	35-135	3,5-4,5	Fujica Fx	28-45
Sirius Mc Auto	28-85	3,5-4,5	Pentax	18-35
Sirius Mc Auto	18-28	----	Minolta Xg	30-50
Sirius Mc Auto	28	2,8	Pentax	28-50

Società Anonima Ambrosio

Modello	Focale	f	Attacco	€
Cine	----	----	----	160-280

Soligor

Modello	Focale	f	Attacco	€
Soligor	100-300	5	----	20-40
Soligor	28-200	3,8-5,5	Pentax	29-45
Soligor	80-200	4,5	----	65-85
Soligor	24-45	3,5-4,5	Canon Fd	50-80
Soligor	28	2,8	Pentax K	28-45
Soligor	28	2,8	Olympus	25-45
Soligor	28	2,5	Nikon Ai	35-50
Soligor	28	2,8	Nikon Ai	35-55
Soligor	35	3,5	M42	30-50
Soligor	50	1,9	Miranda	45-70
Soligor	105	2,8	Exacta	35-60
Soligor	135	3,5	M42	28-45
Soligor	135	2,8	Exakta	28-45
Soligor	200	4,5	----	28-55
Soligor	250	4,5	M42	28-45
Soligor	350	5,6	Pk	45-70
Soligor	500	8	Canon	50-80
Soligor Af	28-80	3,5-5,6	----	40-55

Modello	Focale	f	Attacco	€
Soligor Af	19-35	3,5-4,5	Pentax	80-100
Soligor Auto	35	2,8	M42	30-50
Soligor Macro	60-300	4-5,6	----	65-85
Soligor Macro	85-205	3,8	----	25-45
Soligor Macro	28-80	3,5-4,5	Pentax	25-45
Soligor Macro	35-80	3,5-4,8	Pentax K	25-45
Soligor Mc	135	2,5	Olympus	35-55
Soligor Mc Macro	35-70	2,5-3,5	Contax	30-60
Soligor Md	28	2,8	Minolta	25-45
Soligor Mf /Md	28-105	3,5-4,5	Minolta	70-100
Soligor Tele-Auto	200	3,5	M42	30-50

Som Berthiot

Modello	Focale	f	Attacco	€
Cinor	10	1,9	C	65-95
Cinor	20	1,5	----	170-210
Cinor	23	2,3	D	40-65
Cinor	25	1,8	C	70-110
Cinor	25	1,9	C	50-85
Cinor	25	0,95	C	600-700
Cinor	35	3,5	D	100-120
Cinor	50	1,5	----	70-100
Eidoscope 2	375	4,5	----	1000-1200
Lytar	16	2,8	C	120-160
Pan Cinor	37-150	5	----	80-120
Pan Cinor	17,5-70	2,4	C	300-400
Pan-Cinor	25-100	----	Arriflex	650-750
Pan-Cinor	25-100	3,4	----	250-300
Pan-Cinor	17-85	2	C	180-250
Pan-Cinor	17-68	2	----	90-140
Pan-Cinor	10-30	2,8	----	60-90
Paris	80-125	----	Projector	40-65
Paris	50	----	Projector	60-95
Paris Cinor	17	1,5	C	95-140

Modello	Focale	f	Attacco	€
Paris Cinor	12.5	1,8	D	95-120
Paris Cinor	20	1,5	C	95-140
Paris Cinor	25	1,5	C	95-150
Paris Flor	50	3,5	----	180-240
Paris Olor	260	5,7	----	70-95
Paris Pan-Cinor	38-155	3,8	----	550-650
Paris Pan-Cinor	17-85	2	C	120-145
Som Berthiot	9.5-45	1,9	----	60-95
Som Berthiot	25	1,8	C	110-150

Sony

Modello	Focale	f	Attacco	€
Ae	70-200	4	----	1250-1500
Ae	28-70	3,5 - 5,6	----	450-500
Af	75-300	4,5 - 5,6	----	250-300
Af	16	2,8	----	900-1000
Af	20	2,8	----	600-680
Af	50	1,4	----	350-410
Af Dt Sam	55-300	4,5 - 5,6	----	280-350
Af G	70 - 200	2,8	----	1800-2200
Af G	35	1,4	----	1500-1600
Af G	300	2,8	----	6500-7800
Af G	500	4	----	12000-13600 *
Af G Ssm	70-300	4,5-5,6	----	900-1100
Af Macro 1:1	50	2,8	----	450-550
Af Macro 1:1	100	2,8	----	800-900
Af Sam	28 - 75	2,8	----	750-800
Af Sam	35	1,8	----	180-200
Af Sam	85	2,8	----	240-270
Af Stf	135	2,8	----	1200-1350
Dt Af	18 - 250	3,5-6,3	----	650-720
Dt Af	55 - 200	4-5,6	----	280-300
Dt Af	16 - 105	3,5-5,6	----	650-720

Modello	Focale	f	Attacco	€
Dt Af	11 - 18	4,5-5,6	----	650-750
Dt Af Sam	18 - 135	3,5-5,6	----	470-520
Dt Af Sam	18-55	3,5-5,6	----	180-220
Dt Af Sam	50	1,8	----	140-170
Dt Ssm	16 - 50	2,8	----	640-760
G Ssm Ii	70 - 400	4-5,6	----	1800-2200
G Ssm Ii	70 - 200	2,8	----	2700-3000
Macro Dt Af	30	2,8	----	180-220
Macro Nex Af	30	3,5	----	250-280
Nex Af	16	2,8	----	220-270
Nex Af Oss	18 - 200	3,5-6,3	----	740-800
Nex Af Oss	55 - 210	4,5-6,3	----	280-370
Nex Af Oss	18 - 55	3,5-5,6	----	280-320
Nex Af Oss	16 - 50	3,5-5,6	----	250-350
Nex Af Oss	10 - 18	4	----	750-850
Nex Af Oss	35	1,8	----	400-450
Nex Af Oss	50	1,8	----	240-320
Nex Zeiss Af	24	1,8	----	950-1100
Oss	18 - 200	3,5-6,3	----	760-850
Oss	16 - 70	4	----	900-1000
Oss	20	2,8	----	300-350
Oss G	18 - 105	4	----	550-600
Sony	75-300	4,5-5,6	----	95-180
Sony	24 - 240	3,5 - 6,3	----	870-1000
Sony	28 - 135	4	----	1900-2500
Sony	24-105	3,5-4,5	----	250-370
Sony	20	2,8	----	445-525
Sony	28	2,8	----	140-225
Sony	28	2	----	400-450
Sony	50	1,4	----	225-350
Sony	90	2,8	----	950-1150
Sony G Ssm	70-300	4,5-5,6	----	700-850
Sony Cz	24-70	2,8	----	1200-1700
Sony Cz	16-35	2,8	----	1300-1550
Sony Cz	24	2	----	1099-1300

Modello	Focale	f	Attacco	€
Sony Cz	85	1,4	----	1250-1450
Sony Cz	135	1,8	----	1350-1550
Sony Cz Dt	16-80	3,5-4,5	----	550-750
Sony Dt	18-200	3,5-6,3	----	180-250
Sony Dt	55-200	4,0-5,6	--—	85-140
Sony Dt	16-105	3,5-5,6	--—	340-475
Sony Dt	18-70	3,5-5,6	----	50-80
Sony Dt	11-18	4,5-5,6	----	480-520
Sony Dt Sam	55-200	4,0-5,6	----	85-150
Sony Dt Sam	18-55	3,5-5,6	----	60-90
Sony Dt Sam	35	1,8	----	130-175
Sony Dt 3.5-	18-250	6,3	----	350-425
Sony Dt Sam	50	1,8	----	110-150
Sony Dt Ssm	16-50	2,8	----	650-750
Sony E	35	2,8	Konica	80-120
Sony Fisheye	16	2,8	----	550-710
Sony G	70-400	4-5,6	----	1550-1750
Sony G	70-200	2,8	----	1300-1750
Sony G	35	1,4	----	900-1100
Sony G	300	2,8	----	4500-5500
Sony Macro	50	2,8	----	340-400
Sony Macro	100	2,8	----	450-600
Sony Reflex	500	8	----	550-650
Sony Sam	28-75	2,8	----	475-550
Sony Sam	85	2,8	----	190-250
Sony Stf	135	2,8	----	1120-1300
Sony Dt	30	2,8	----	150-200
Ssm Zeiss	50	1,4	----	1200-1500
Vario Sonnar	24	2	----	950-1250
Vario-Sonnar	24-70	2,8	----	1850-2300
Vario-Sonnar	16-35	2,8	----	1000-1200

Modello	Focale	f	Attacco	€
Zeiss Planar T*	85	1,4	----	1400-1500
Zeiss Sonnar T*	35	2,8	----	750-800
Zeiss Sonnar T*	55	1,8	----	900-1000
Zeiss Sonnar T*	135	1,8	----	1750-1900
Zeiss Sonnar T* Za	24-70	4	----	1000-1200
Zeiss Vario-Sonnar T*	16-80	3,5-4,5	----	750-800

Staeble

Modello	Focale	f	Attacco	€
Choro	38	3,5	M39	100-120
Kata	45	2,8	----	25-45
Lineogon	35	3,5	M39	170-220
Staeble	50	4,8	----	550-650
Telexon	135	3,8	----	75-120
Telexon	90	5,6	----	90-120
Ultragon	210	8	----	25-45
Ultragon	150	8	----	25-45
Ultralit	50	2,8	----	100-140

Super Ozeck

Modello	Focale	f	Attacco	€
Super Ozeck	80-205	4,5	Canon Fd	25-45
Super Ozeck	80-200	5,5	Pentax K	22-45
Super Ozeck	75-150	3,8	Canon	45-80
Super Ozeck	28	2,8	Pentax	45-70
Super Ozeck	135	2,8	Fujica-Ax	35-60
Super Ozeck Auto Mc	35-150	3,5-4,5	Olympus Om	60-85
Super Ozeck Mc Auto	38-70	3,5	----	40-70

Tair

Modello	Focale	f	Attacco	€
11A	135	2,8	M42	100-120
33	300	4,5	Mamya	65-90
41	50	2	Kiev	55-70

Takumar

Modello	Focale	f	Attacco	€
Super Macro	50	4	M42	80-140
Super Mc	55	3,5	Pentax	120-160
Super Takumar	55	2	M42	35-55
Super Takumar	85	1,9	M42	190-250
Super Takumar	135	2,5	Pentax K	45-70
Super Takumar	150	4	M42	40-70
Super -Takumar	200	4	M42	35-60
Super Takumar Mc	35	3,5	M42	35-65
Super Takumar Mf	35	3,5	M42	45-65
Super-Takumar	28	3,5	M42	45-70
Super-Takumar	50	1,4	M42	55-85
Super-Takumar	55	1,8	M42	35-55
Super-Takumar	135	3,5	M42	29-45
Super-Takumar	135	3,5	M42	40-70
Takumar	70-200	4	----	27-45
Takumar	80-200	4,5	----	70-100
Takumar	28-80	3,5-4,5	Pentax	40-60
Takumar	18	11	M42	240-290
Takumar	24	3,5	M42	130-170
Takumar	28	3,5	M42	65-90
Takumar	105	2,4	6x7	110-150
Takumar	105	2,8	M42	115-150
Takumar	135	2,5	Pentax K	35-60
Takumar	135	3,5	M42	55-85
Takumar	300	4	M42	125-160
Takumar	400	5,6	M42	140-180
Takumar Auto	55	2,2	M42	65-90

Modello	Focale	f	Attacco	€
Takumar Macro	28-80	3,5-4,5	Pentax	28-45
Takumar Macro Auto	28-80	3,5-4,5	----	50-80
Takumar Mc	17	4	M42	160-210
Takumar Mc	35	2	M42	85-125
Takumar Mc	85	1,9	M42	55-75
Takumar Mc	150	2,8	Pentax	70-100
Takumar Mc	300	4	M42	140-180
Takumar Smc Mf	200	4	Vite	100-140
Takumar Super Mc	105	2,8	----	90-120
Tele-Takumar	300	6,3	M42	75-100

Tamron

Modello	Focale	f	Attacco	€
Di Ii Pzd Vc	18-270	3,5-6,3	----	600-700
Di Ii Sp Macro	60	2	----	450-550
Di Ii Sp Macro	60	2	----	450-550
Di Ii Sp Xr Ld If	17-50	2,8	----	400-490
Di Ii Sp Xr Ld If Vc	17-50	2,8	----	500-600
Di Ii Sp Xr Ld If Vc	17-50	2,8	----	550-600
Di Ii Uw Ld If	10-24	3,5-4,5	----	550-650
Di Ii Uw Ld If	10-24	3,5-4,5	----	550-650
Di Ii Xr Ld If Macro	18-200	3,5-6,3	----	150-280
Di Iii Vc Af Dmf	18-200	3,5-6,3	Canon	500-600
Di Iii Vc Af Dmf	18-200	3,5-6,3	Sony-E	700-800
Di Ld Macro 1:2	70-300	4-5,6	----	150-220
Di Sp Ld If Macro	70-200	2,8	----	850-950
Di Sp Ld If Macro	180	3,5	----	800-950
Di Sp Ld If Macro	180	3,5	----	850-950
Di Sp Macro	90	2,8	----	550-620
Di Sp Macro 1:1	90	2,8	----	550-620
Di Sp Xr Ld If Macro	28-75	2,8	----	450-550
Di Usd Ld Xr If Vc	24-70	2,8	----	950-1200
Di Usd Xld Vc	70-300	4-5,6	----	450-520

Modello	Focale	f	Attacco	€
Di Vc Usd	70-200	2,8	----	1600-1900
Pzd Vc Vxr	16-300	3,5-6,3	----	550-650
Pzd Vc Vxr	16-300	3,5-6,3	----	550-650
Sma Ld	14-150	3,5-5,8	Micro4/3	500-600
Sma Ld	14-150	3,5-5,8	Micro4/3	550-600
Sp Usd Vc Macro	90	2,8	----	600-700
Sp Vc Usd	150-600	5-6,3	----	1200-1450
Ta mron	28-105	2,8	Nikon	140-180
Tamron	18-270	3,5-6,3	Nikon	250-320
Tamron	70-300	4-5,6	Canon	180-250
Tamron	70-300	4-5,6	Pentax	60-80
Tamron	18-200	3,5-6,3	Nikon	150-250
Tamron	18-200	3,5-6,3	Eos	150-250
Tamron	70-210	3,8-4	----	40-60
Tamron	70-200	4,5	Olympus	25-50
Tamron	80-210	3,8-4	Olympus	40-60
Tamron	35-135	3,5-4,2	----	60-90
Tamron	24-70	3,3-5,6	Nikon	100-120
Tamron	17-50	2,8	Canon	200-250
Tamron	28	2,5	Adaptall	50-90
Tamron	135	2,8	---	30-50
Tamron	500	8	Adaptal	140-180
Tamron Af	55-200	4-5,6	----	60-80
Tamron Macro	18-200	3,5-6,3	Pentax	140-170
Tamron Macro	80-210	3,8	K	80-100
Tamron Af	70-200	2,8	Pentax	400-500
Tamron Af	35-90	4,5-6	Pentax	80-120
Tamron Af Ld	200-400	5,6	Canon	180-200
Tamron Af Macro	70-300	4-5,6	Pentax	70-95
Tamron If Macro	28-300	3,5-6,3	Canon	180-240
Tamron Macro	70-300	4-5,6	Canon	90-150
Tamron Macro	70-150	3,5	---	40-60
Tamron Mc	35-135	3,5-4,5	----	60-90
Tamron Sp	70-300	4-5,6	Canon	260-320
Tamron Sp	90	2,5	Contax	140-180
Tamron St F	35-80	2,8-3,8	----	50-85
Vc Pzd Xr	28-300	3,5-6,3	----	800-950

Taylor & Hobson

Modello	Focale	f	Attacco	€
Anastigmat Series II	156	4,5	----	100-200
Apermax Projection	140	----	Projector	60-90
Cooke Portrait VI	460	5,6	----	450-550
Cooke Speed Panchro	18	1,7	----	450-600
Cooke Speed Panchro	18	1,7	T2	1200-1400
Cooke Speed Panchro	18	2	----	1000-1400
Cooke Speed Panchro	50	2	----	350-450
Cooke Speed Panchro	75	2	----	550-650
Ental	80	4,5	----	20-40
Filmo 70DL	24	1,9	C	350-450
Ivotal Anastigmat	48	1,4	----	400-500
Kinetal	75	2,6	C	550-650
Series VB ULF Anast	330	8	----	80-120
SerieX Anastigmat	156	2,5	----	1000-1400
Speed Panchro II	75	2	----	800-1000
Super Comat	35	1,9	----	25-50
Varotal T (cine)	40-400	4,5	----	900-1200
Vidital	80	1,5	C	350-450

Tefnon

Modello	Focale	f	Attacco	€
Ental	108	4,5	----	45-60
Tefnon	80-200	4	M42	20-30
Tefnon	28	2,8	Nikon Ai	28-45
Tefnon	28-85	3,5-4,5	Minolta	29-45
Tefnon	70-210	----	----	25-45
Tefnon Mc	80-200	4	Pentax	30-55
Tefnon Macro	75-205	3,8-4,8	Minolta	35-55
Tefnon Macro	28-200	3,8-5,6	Canon Fd	25-45
Tefnon Macro	28-80	3,8-4,8	----	25-45
Tefnon Macro	35-105	3,2-4	Pentax K	28-50
Tefnon Macro	70-162	3,5	----	30-60

Tiny Steinheil Cassar

Modello	Focale	f	Attacco	€
Tiny Steinheil cassar	36	3,5	D	25-35

Tokina

Modello	Focale	f	Attacco	€
Af At-X Af Dx	10 - 17	3,5-4,5	----	480-550
Af At-X D	80 - 400	4,5-5,6	----	550-650
Af At-X D Macro	100	2,8	----	290-380
Af At-X Dx Macro	35	2,8	----	380-440
Af At-X Pro Dx	50 - 135	2,8	----	550-620
Af At-X Pro Dx	16 - 50	2,8	----	550-620
Af At-X Pro Dx	12 - 24	4	----	450-540
Tokina	80-200	4,5-5,6	Minolta	28-40
Tokina	80-200	4	M42	45-65
Tokina	35-105	3,5-4,3	Olympus	50-70
Tokina	28-85	3,5-4,5	Canon	65-90
Tokina	28-70	2,8	----	200-300
Tokina	12-28	4	Canon	280-350
Tokina	20-35	3,5-4,5	----	250-290
Tokina	20-35	3,5-4,5	Nikon	140-180
Tokina	17	3,5	Nikon	170-220
Tokina	28	2,8	Minolta	30-50
Tokina	300	5,5	Canon	50-85
Tokina	400	5,6	Sony	80-120
Tokina At-X	28-80	2,8	Nikon	270-300
Tokina Af	24-200	3,5-5,6	----	270-320
Tokina Af	20-35	3,5-4,5	Eos	180-240
Tokina Af At-X Dx	12-24	4	Canon	280-320
Tokina Aspherical	16-50	2,8	Nikon	270-340
Tokina At-X	80-200	2,8	Sony	340-400
Tokina At-X	17-35	4	Nikon	370-400
Tokina At-X Pro D	11-16	2,8	Nikon	400-450
Tokina Dx At-X	16,5-135	3,5-5,6	Nikon	180-220
Tokina Sd Auto	70-210	4-5,6	----	50-70

Vega

Modello	Focale	f	Attacco	€
Vega 11U	50	2,8	M39	15-25
Vega-11U	50	2,8	M39	70-100
Vega-12b	90	2,8	Kiev 60	80-110
Vega-22Y	103	5,6	Pe	60-85
Vega-28B Mc	120	2,8	Kiev	150-200
VEGA-5U	105	4	M42	24-45
Vega7	20	2	M32	40-65
Vega-9	50	2	Krasnogorsk	45-70

Vivitar

Modello	Focale	f	Attacco	€
Vivitar	100-300	5	----	40-65
Vivitar	75-260	4,5	Om System	50-70
Vivitar	28-200	3,5-5,3	----	80-120
Vivitar	70-210	4,5-5,6	Canon Fd	80-100
Vivitar	70-210	4,5-5,6	Yashica	40-60
Vivitar	70-210	3,5	Canon Fd	70-90
Vivitar	90-230	4,5	M42	60-90
Vivitar	75-205	3,8	Sony	80-120
Vivitar	85-205	3,8	Nikon	40-60
Vivitar	28-135	3,5-4,5	Canon	55-75
Vivitar	70-150	3,8	Minolta	40-60
Vivitar	28-105	2,8-3,8	Minolta	40-60
Vivitar	35-105	3,2-4	Canon	80-100
Vivitar	35-105	3,2-4	Canon	50-90
Vivitar	28-80	3,5-5,6	----	40-70
Vivitar	28-70	3,5-4,8	Minolta	20-50
Vivitar	28-70	3,5-4,5	Minolta	28-48
Vivitar	35-70	3,5	Minolta	55-90
Vivitar	28-50	3,5-4,5	Olympus	30-50
Vivitar	19-35	3,5-4,5	Nikon	80-120
Vivitar	19	3,8	Canon Fd	80-120

Modello	Focale	f	Attacco	€
Vivitar	28	1,9	Pentax	140-200
Vivitar	28	2	Minolta	75-95
Vivitar	28	2	Olympus	50-85
Vivitar	28	2,8	Canon Fd	70-85
Vivitar	28	2,8	Minolta Md	60-90
Vivitar	28	2,8	Pentax	30-60
Vivitar	28	2,8	Pentax K	30-50
Vivitar	28	2,8	Olympus Om	20-40
Vivitar	35	1,9	Nikon	80-100
Vivitar	35	2,8	T2	55-80
Vivitar	85	2,8	Olympus	65-85
Vivitar	135	2,8	Canon	40-80
Vivitar	135	2,8	Canon	40-80
Vivitar	135	2,8	M42	50-70
Vivitar	135	3,5	Nikon	35-55
Vivitar	200	3,5	Pentax	30-45
Vivitar	500	8	Minolta	45-65
Vivitar Auto	100	2,8	M42	45-65
Vivitar Auto	100	2,8	Canon Fd	85-140
Vivitar Auto	105	4	----	45-60
Vivitar Auto Macro	55	2,8	----	120-160
Vivitar Macro	100-500	5,6-8	Canon	120-160
Vivitar Macro	70-300	4,2-5,8	----	50-70
Vivitar Macro	75-300	4,5-5,6	Pentax	30-60
Vivitar Macro	100-300	5	Canon	80-120
Vivitar Macro	35-200	3-4,5	Contax	75-100
Vivitar Macro	70-210	4,5-5,6	----	28-50
Vivitar Macro	80-200	4,5	M42	20-30
Vivitar Macro	100-200	4	----	40-60
Vivitar Macro	24	2,8	----	60-85
Vivitar Macro	55	2,8	Canon	40-60
Vivitar Serie 1	70-210	2,8-4	----	55-80

Modello	Focale	f	Attacco	€
Vivitar Serie 1	35-85	2,8	Nikon	80-120
Vivitar Serie 1	19-35	3,5-4,5	Canon	80-120
Vivitar Serie 1	90	2,5	----	240-280
Vivitar Serie1	70-210	3,5	----	55-80
Vivitar Serie1	28-90	2,8-3,5	Pentax	180-220
Vivitar Serie1	600	8	Canon	220-280
Vivitar Telephoto	400	5,6	Canon	75-95

Voigtlander

Modello	Focale	f	Attacco	€
Apo Lanthar	90	3,5	----	370-460
Apo Lanthar	210	4,5	----	1400-1800
Apo-Lanthar	180	4	Pentax	700-800
Apo-Skopar	450	9	Piastra	500-600
Color-Dinarex	85	2,8	Rollei	100-160
Color-Dinarex	135	2,8	----	120-160
Color-Dinarex	200	3,5	Rollei	100-140
Color-Heliar	75	2,5	----	190-240
Color-Heliar	105	3,5	Piastra	450-550
Color-Skopar	20	3,5	Pentax	350-450
Color-Skopar	21	4	Leica M	190-250
Color-Skopar	35	2,5	----	140-180
Color-Skopar As	28	2,8	Canon	270-320
Color-Ultron	50	1,8	M42	140-200
Color-Ultron	55	1,4	Rollei	100-150
Dynaret	100	4,8	Vitessa T	70-100
Heliar	180	4,5	----	170-200
Heliar	300	4,5	Piastra	1200-1700
Heliar Classic	50	2	Leica M	600-800
Heliar SuperWide As	15	4,5	Leica	260-300

Modello	Focale	f	Attacco	€
Heliar Ultra Wide	12	5,6	Leica M	280-350
Heliar Wet Plate	360	3,5	----	600-800
Lanthar Sl Apo	90	3,5	Nikon	360-400
Nokton	17,5	0,95	----	600-700
Nokton	25	0,95	4/3	350-400
Nokton	35	1,2	Leica M	680-750
Nokton	40	1,4	Leica M	190-240
Nokton	50	1,1	Leica M	450-550
Nokton (cromato)	35	1,2	Leica M	1000-1500
Nokton As	35	1,2	Leica	450-550
Nokton Asp (argento)	50	1,5	Leica	350-450
Nokton Classic	35	1,4	Leica M	290-390
Nokton Type II	25	0,95	----	500-700
Portrait (ottone)	250	3	----	1000-1500
Septon	50	2	----	200-300
Skopar	28	3,5	----	250-290
Skoparex	35	3,4	----	70-90
Snapshot Skopar	25	4	----	180-260
Super Dinarex	135	4	----	60-80
Super-Wide Heliar	15	4,5	Leica - M	250-300
Ultragon	19-35	3,5-4,5	Minolta	70-100
Ultragon	19-35	3,5-4,5	Canon	150-200
Ultron	28	1,9	Leica	350-420
Ultron	35	1,7	Leica	220-280
Voigtlander	50	2	----	150-250
Voigtlander Dynarex	200	3,5	----	90-140
Voigtlander Heliar	75	2,5	Nikon	270-320
Voigtlander Lanthar	150	4,5	----	400-600
Voigtlander Zoomar	36-82	2,8	----	800-950

Voigtlander & Sohn

Modello	Focale	f	Attacco	€
Agb Heliar	300	4,5	----	220-280
Collinear II	----	----	----	1800-2400
Collinear II N°5		6,3		1800-2400
Euryscop Iii (1889)	----	----	----	2000-3000
Euryscop Iv	----	----	----	2800-3100
Euryscop Portrait	----	----	----	950-1100
Euryskop	190	10,5	----	400-500
N° 5 - 1884	----	----	----	1000-1500
Telephoto N°3 - 1900	----	----	----	600-1000

Volna

Modello	Focale	f	Attacco	€
Volna	90	2,8	Vite 42	140-180
Volna MC	50	1,8	Pentax	80-120
Volna-3 MC	80	2,8	Kiev	55-80
Volna-9 MC Macro	50	2,8	M42	90-150
Volna-9 MC Macro	50	2	----	80-120

Xarkov

Modello	Focale	f	Attacco	€
Upp	55	2,8	----	15-28

Yashica

Modello	Focale	f	Attacco	€
Yashica	28-80	3,9-4,9	Contax-	40-50
Yashica	35-70	3,5-4,5	Contax	50-80
Yashica	50	1,9	Contax	28-42
Yashica	50	2	----	30-50
Yashica	50	1,4	Yashica	90-120

Modello	Focale	f	Attacco	€
Yashica	135	2,8	Contax-	40-60
Yashica	135	2,8	----	50-80
Yashica Af	70-210	4,5	----	35-55
Yashica Af	70-200	4,5-6	----	40-60
Yashica Af	28-70	3,5-4,5	----	45-65
Yashica Af	50	1,8	----	45-60
Yashica Af Macro	35-70	3,3-4,5	----	28-45
Yashica Af Macro	60	2,8	Yashica	100-140
Yashica Af Macro	60	2,8	----	150-170
Yashica Dsb	70-210	4	----	80-100
Yashica Dsb	70-180	4,5	----	85-100
Yashica Dsb	35-105	3,8-4,8	Contax	55-80
Yashica Dsb	38-90	3,5	Contax	70-110
Yashica Dsb	28	2,8	Contax	75-100
Yashica Dsb	55	1,2	Contax	25-45
Yashica Dsb	55	2	Contax	25-45
Yashica Dsb	135	2,8	Contax	55-80
Yashica Mc Macro	75-200	4,5	Yashica	60-90
Yashica Ml	28-210	3,8-4,8	Contax	120-160
Yashica Ml	42-75	3,5-4,5	----	40-65
Yashica Ml	15	2,8	----	600-800
Yashica Ml	24	2,8	----	150-250
Yashica Ml	35	2	----	110-140
Yashica Ml Macro	28-85	3,5-4,5	----	200-270
Yashica Ml Macro	100	4	----	140-180
Yashinon Auto	55	1,8	M42	45-75
Yashinon Ds	50	1,7	M42	45-70

Yongnuo

Modello	Focale	f	Attacco	€
YN	50	1,8	Canon	40-50
YN35	35	2	Nikon	75-95

Yvar

Modello	Focale	f	Attacco	€
Bolex H16 Macro	150	3,3	C	1100-1400
Bolex Yvar	13	1,9	----	29-45
Bolex Yvar	100	3,3	C	400-500
Kern Paillard	12,5	2,8	D	150-250
Kern Paillard Yvar	15	2,8	C	50-80
Kern Paillard Yvar	75	2,8	C	250-290
Kern Yvar	150	4	----	150-200
Yvar	12,5	2,5	D	29-45
Yvar	13	1,8	D	45-70

Will Wetzlar

Modello	Focale	f	Attacco	€
Maginon	50	2,8	----	25-40
Maginon	85	2,8	Projector	28-45
Maginon	100	2,8	Projector	40-65
Maginon	150	3	Projector	28-45
Stellar	85	2,8	Projector	25-40
Super Paxigon	200	3,5	Projector	28-45
Vario Stellar	95	2,8	----	250-350
Vario Travenon	16,5-30	1,5	Projector	28-45
Wetzlar	70-210	3,5	Projector	28-60
Wetzlar	20-52	1,5	Projector	25-40
Wilon	50	3,5	Pe	25-40
Wilon	75	4,5	----	25-40

Wollensak

Modello	Focale	f	Attacco	€
Wollensak (1900 ottone)	----	8	----	600-700

Zeiss e Carl Zeiss

Modello	Focale	f	Attacco	€
Apochromat W	70	2,5	----	80-120
Biogon	21	2,8	—--	1000-1200
Biogon	40	5,6	----	340-380
Biogon ZM	25	2,8	----	1000-1200
Biogon ZM	28	2,8	----	1000-1100
Biogon ZM	35	2	----	1000-1200
C. Zeiss Tele Tessar nero	85	4	Leica M	800-900
Carl Zeiss Biogon	21	2,8	Leica M	1200-1400
Carl Zeiss Biogon argento/nero	25	2,8	Leica M	1000-1250
Carl Zeiss Biogon argento/nero	28	2,8	Leica M	950-1100
Carl Zeiss Biogon argento/nero	35	2	Leica M	950-1250
Carl Zeiss Biogon argento/nero	35	2,8	Leica M	750-950
Carl Zeiss C Sonnar argento/nero	50	1,5	Leica M	1100-1300
Carl Zeiss Distagon	18	4	Leica M	1000-1500
Carl Zeiss Tessar	45	2,8	Vite 42	150-200
C-Sonnar ZM	50	1,5	--—	900-1200
Distagon	25	2	Sony	900-1200
Distagon	25	2,8	Contarex	800-1000
Distagon	28	2,8	Contax	250-300
Distagon	35	4	Contarex	280-360
Distagon T	35	2	Nikon	600-800
Distagon ZF2	15	2,8	----	2600-2800
Distagon ZF2	35	1,4	----	1650-1800
Flektogon	50	4	Pentacon Six	80-120
Flektogon Macro	35	2,4	----	180-220

Modello	Focale	f	Attacco	€
Ikon Pro Tessar	35	3,2	Contaflex	80-120
Jena Flektogon	20	4	Exakta	210-240
Jena Anast (1900 ottone)	360	6,3	----	1000-2000
Jena Biometar	120	2,8	Pentacon Six	100-145
Jena Biotar	58	2	Exakta	220-260
Jena DDR Biotar	80	2,8	----	50-70
Jena Mc Macro	70-210	4,5 - 5,6	Canon Fd	80-120
Jena Tessar	80	2,8	M42	270-300
Jena Tessar T	50	2,8	Exakta	140-180
Loxia	35	2	----	1100-1250
Loxia	50	2	----	800-950
Makro Planar	50	2	----	500-700
Makro Planar	100	2	Canon	800-1000
Milvus	21	2,8	----	1600-1750
Milvus	35	2	----	950-1100
Milvus	50	1,4	----	1100-1200
Milvus	85	1,4	----	1600-1800
Milvus Macro	50	2	----	1000-1200
Milvus Macro	100	2	----	1550-1750
Otus	55	1,4	----	2800-3500
Otus	85	1,4	----	3800-4400
Pancolar	50	1,8	M42	55-85
Planar	50	1,7	----	170-200
Planar	85	1,4	Nikon	700-900
Planar	100	3,5	Hasselblad	700-900
Planar T* ZF2	50	1,4	----	600-700
Planar ZM	50	2	----	750-850
Sonnar	100	3,5	Contax	300-350
Sonnar	135	3,5	M42	70-90

Modello	Focale	f	Attacco	€
Sonnar	140	2,8	Contax	300-400
Sonnar	150	4	Hasselblad	200-260
Sonnar	180	4	Hasselblad	600-800
Sonnar (nero)	90	2,8	Contax	290-340
Tele Tessar	135	4	Rolleiflex	80-120
Tele Tessar	500	8	E	500-700
Touit	12	2,8	----	960-1100
Touit	32	1,8	----	650-780
Triplet Wet Plat Arial	500	4,8	----	550-650
Vario Sonnar	24-85	3,3	Contax	370-420
Vario Sonnar	35-70	3,4	Contax	420-460
Zeiss Planar T	100	2	Canon-Nikon	1500-1900
Zeiss Distagon	15	2,8	Canon-Nikon	2500-2900
Zeiss Distagon	28	2,8	----	270-340
Zeiss Distagon	35	1,4	----	700-800
Zeiss Distagon T	18	3,5	Canon-Nikon	1000-1400
Zeiss Distagon T	21	2,8	Canon-Nikon	1500-2000
Zeiss Distagon T	28	2	Canon-Nikon	1000-1400
Zeiss Distagon T	35	2	Canon-Nikon	950-1100
Zeiss Loxia	35	2	Sony	1000-1250
Zeiss Planar T	50	2	Canon-Nikon	1000-1400
Zeiss Planar T	85	1,4	Canon-Nikon	950-1400
Zeiss Sonnar	28-70	3,5-4,5	----	200-300
Zeiss Sonnar	135	2,8	----	170-220
Zeiss Sonnar T	135	2,8	Contax	240-300
Zeiss Tessar	45	2,8	Contax	150-220

Zenitar

Modello	Focale	f	Attacco	€
Fisheye	16	2,8	Samsung NX	160-220
Fisheye	16	2,8	Canon FD	160-220
Zenitar	50	2	Olympus 4/3	70-100
Zenitar	50	2	Sony Nex	45-70
Zenitar	50	2	Minolta MD	70-95
Zenitar	50	2	Contax/Yashica	70-95
Zenitar	50	2	M42	40-60
Zenitar S	50	1,2	Canon EOS	350-450
Zenitar-C	16	2,8	Canon	170-220
Zenitar-C	16	2,8	Sony Alpha	180-240
Zenitar-C	16	2,8	M42	180-240

Zenit - Zenith

Modello	Focale	f	Attacco	€
Helios	44	4	Zenith	25-50
Helios	58	2	Zenith	25-50
Helios 40-2	85	1,5	M42	200-270
Helios 44 argento 1955	58	2	M39	50-80
Helios 44M-4	58	2	M42	45-60
Helios M 42	58	2	M42	25-45
MTO 11-CA	1000	10	M39	220-260
Rapid Rectline (ottone)	----	8	----	100-140
Zenitar	50	1,7	M42	60-80
Zenitar	50	1,9	M42	60-80
Zenith	16	2,8	Pentax K	80-120
Zenith	50	1,8	Minolta Md	25-45
Zenith	135	3,5	----	80-120
Zenith	135	4	M42	50-70
Zenith Mc-Mir	20	3,5	M42	120-160

Zenza Bronica

Modello	Focale	f	Attacco	€
Zenzanon	75	2,8	----	50-75
Zenzanon	100	2,8	----	150-190
Zenzanon	150	3,5	----	80-120
Zenzanon E	100	4	----	200-280
Zenzanon E	150	3,5	----	100-140
Zenzanon Mc	40	4	----	160-200
Zenzanon Mc	50	2,8	----	170-220
Zenzanon Mc	200	4	----	180-220
Zenzanon Mc	200	4,5	----	160-200
Zenzanon Mc	250	5,6	----	170-220
Zenzanon Pe	45-90	4-5,6	----	210-270
Zenzanon Pe	40	4	----	500-600
Zenzanon Pe	60	2,8	----	350-450
Zenzanon Pe	75	2,8	----	120-160
Zenzanon Pe	135	4	----	350-420
Zenzanon Pe	180	4,5	----	400-480
Zenzanon Pe	180	4,5	----	45-80
Zenzanon Pg	100	3,5	----	170-240
Zenzanon Ps	50	3,5	----	250-290
Zenzanon Ps	65	4	----	200-250
Zenzanon Ps	150	4	----	140-180
Zenzanon Ps	200	4,5	----	150-190
Zenzanon Ps Asp	50-100	4,5	----	500-600
Zenzanon Ps Macro	110	4	-—-	250-300
Zenzanon Rf	45	4	----	450-500
Zenzanon S	50	3,5	----	100-150
Zenzanon S	80	2,8	----	70-95
Zenzanon S	80	2,8	----	55-80
Zenzanon S	105	3,5	----	140-190
Zenzanon S	250	5,6	----	120-150
Zenzanon S	500	8	----	600-700

Altri libri pubblicati dall'autore

Libri sulle stime fotografiche

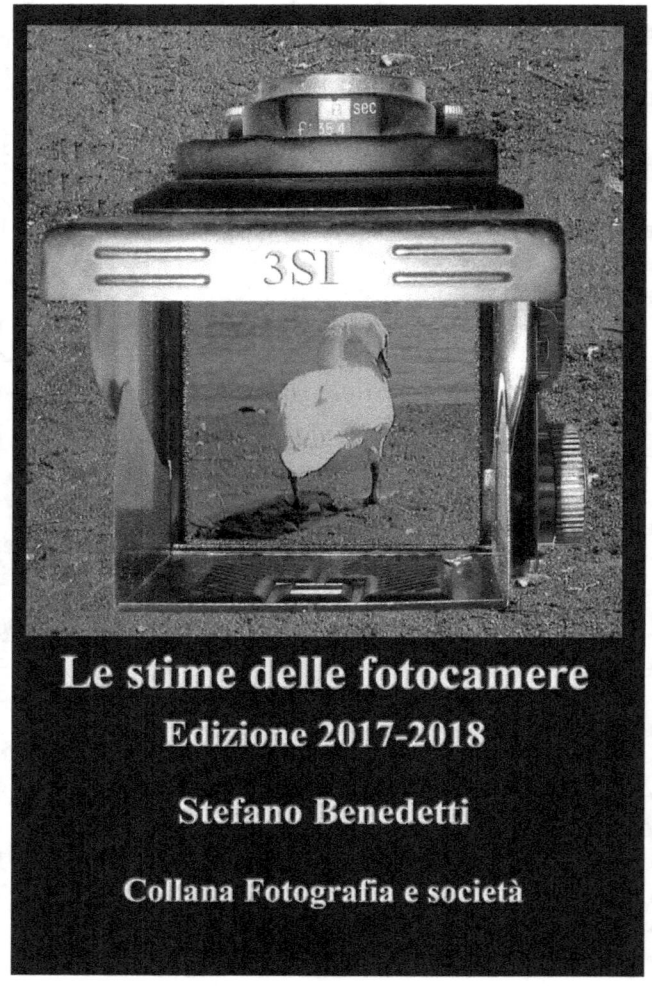

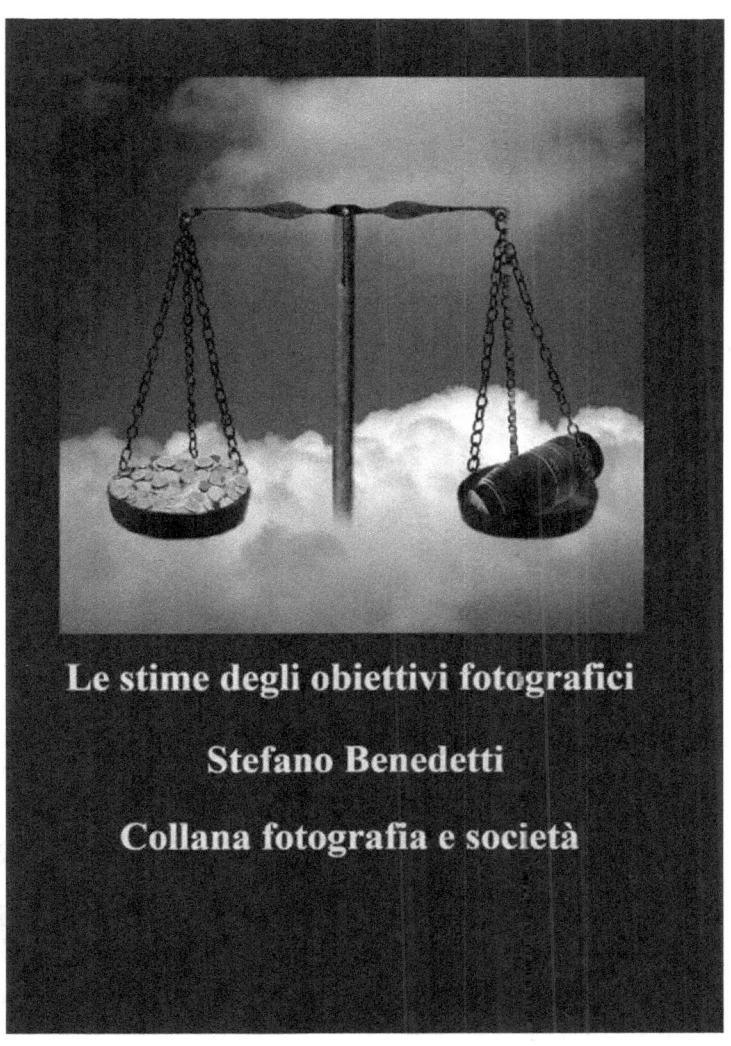

Le stime degli obiettivi fotografici

Stefano Benedetti

Collana fotografia e società

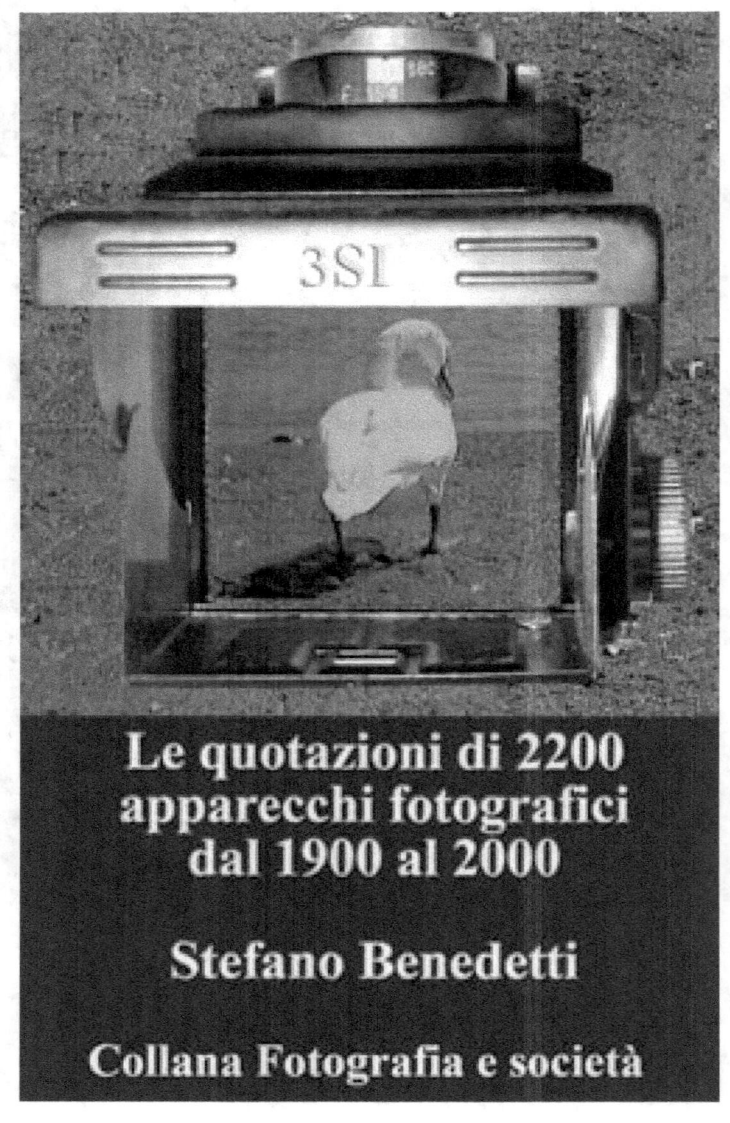

Le quotazioni di 2200 apparecchi fotografici dal 1900 al 2000

Stefano Benedetti

Collana Fotografia e società

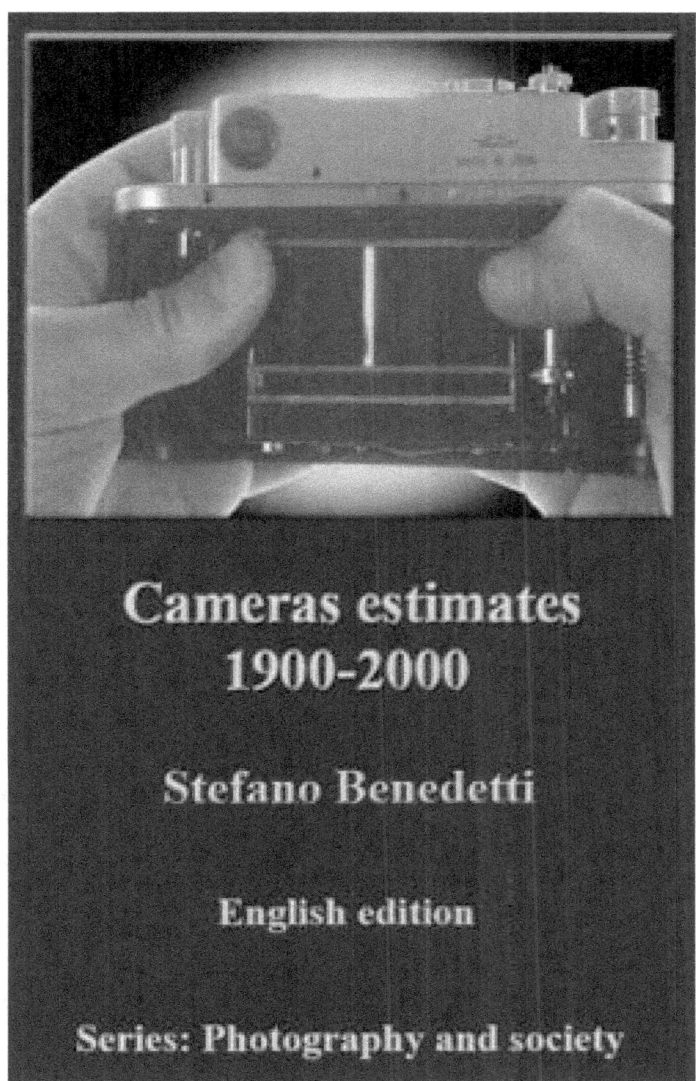

Cameras estimates 1900-2000

Stefano Benedetti

English edition

Series: Photography and society

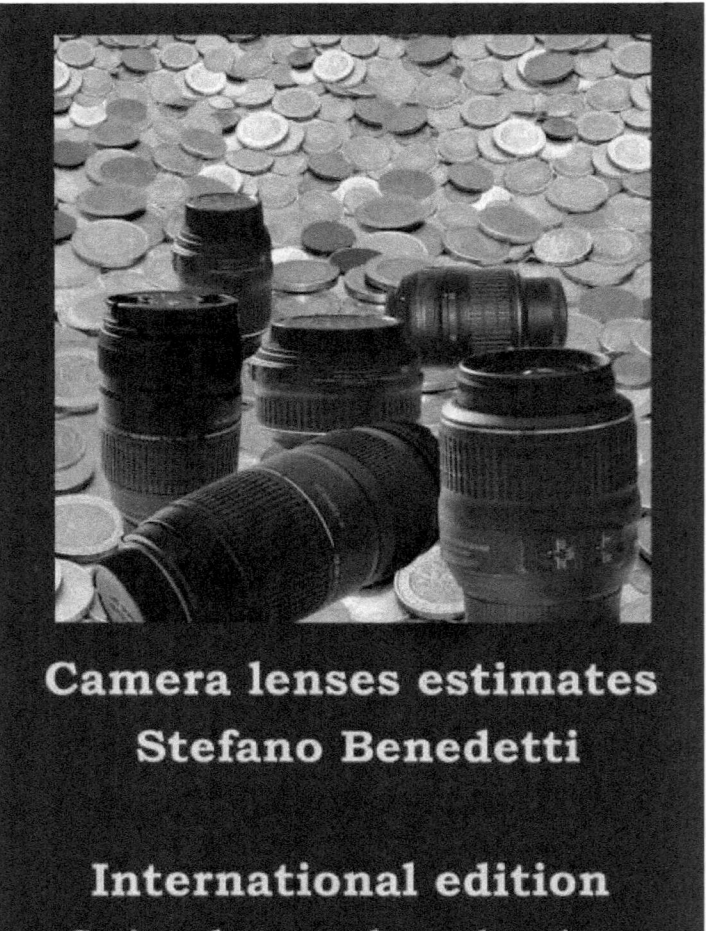

Camera lenses estimates
Stefano Benedetti

International edition
Series photography and society

Libri di fotografie e testo

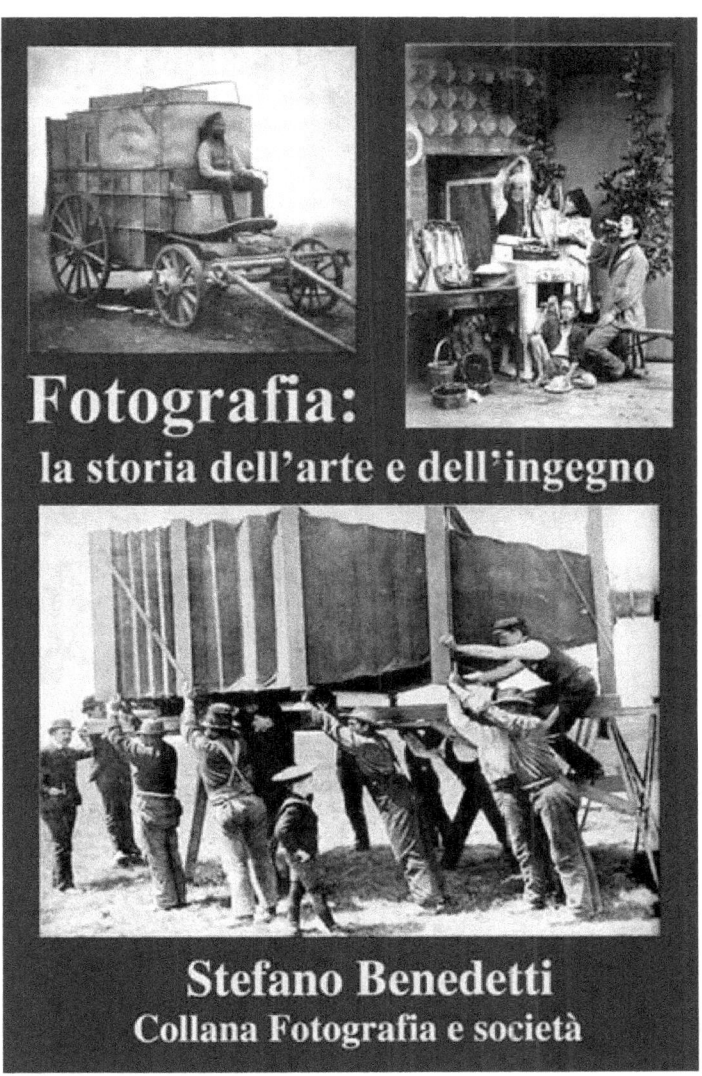

Fotografia:
la storia dell'arte e dell'ingegno

Stefano Benedetti
Collana Fotografia e società

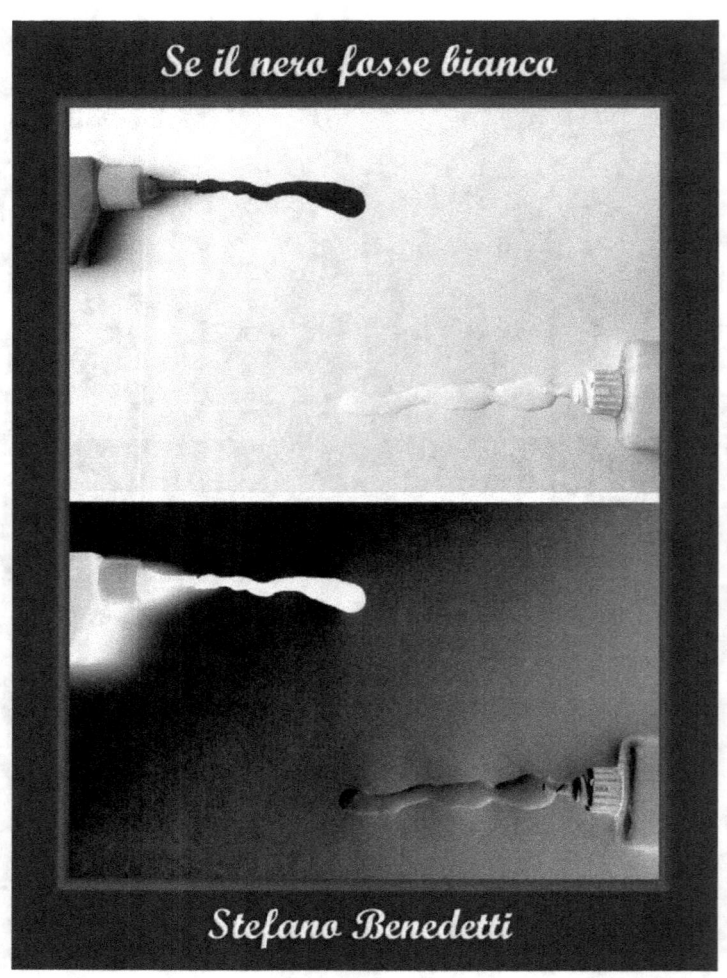

Se il nero fosse bianco

Stefano Benedetti

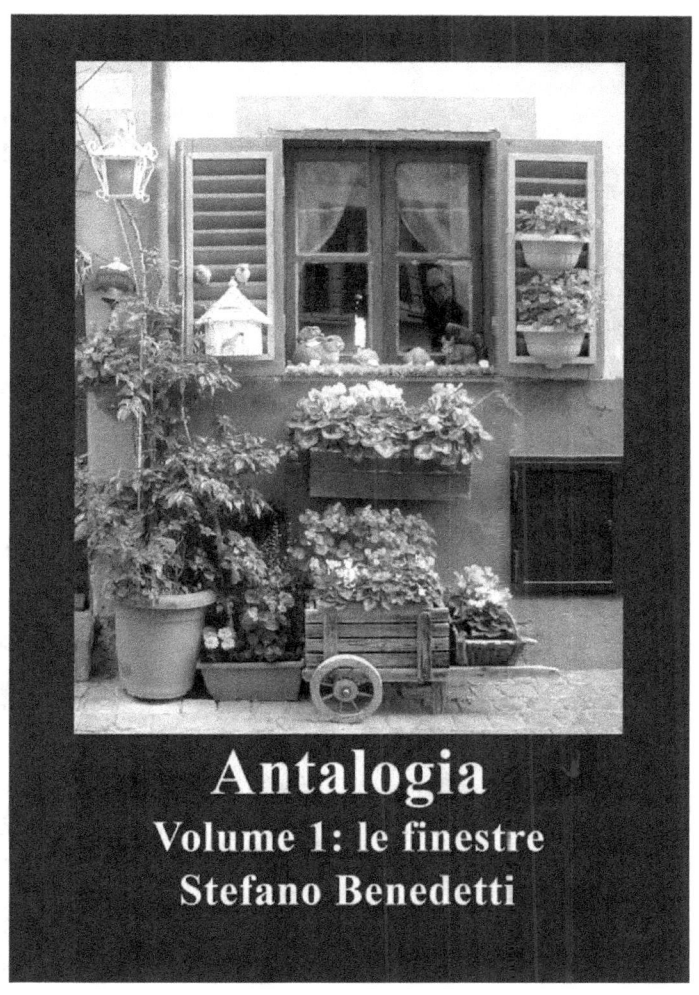

Antalogia
Volume 1: le finestre
Stefano Benedetti

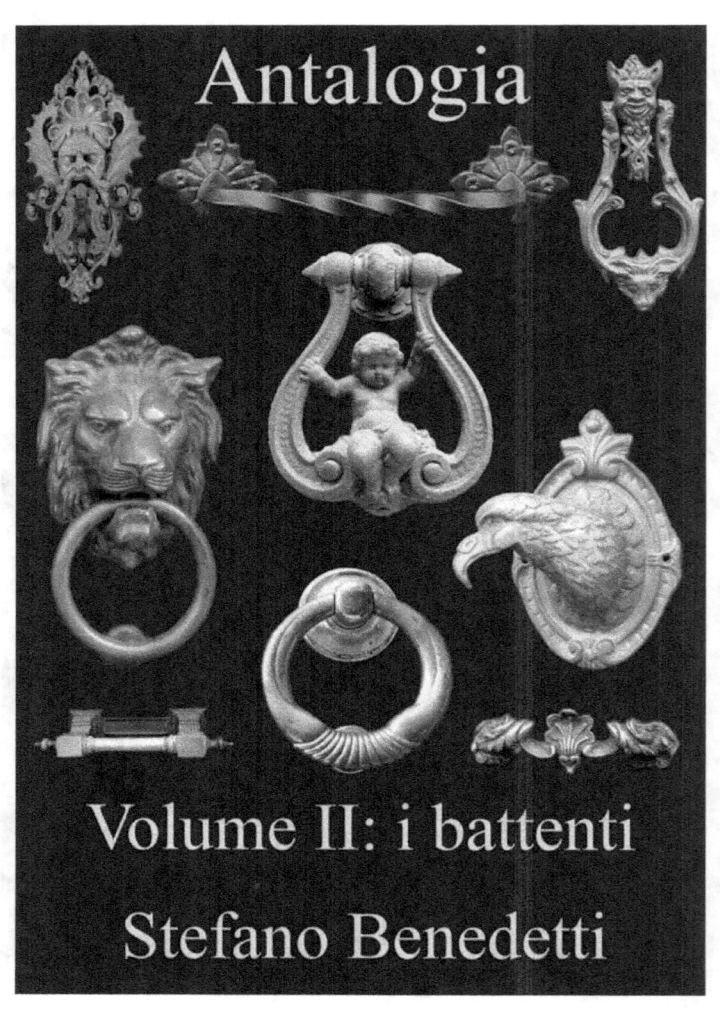

Antalogia

Volume II: i battenti

Stefano Benedetti

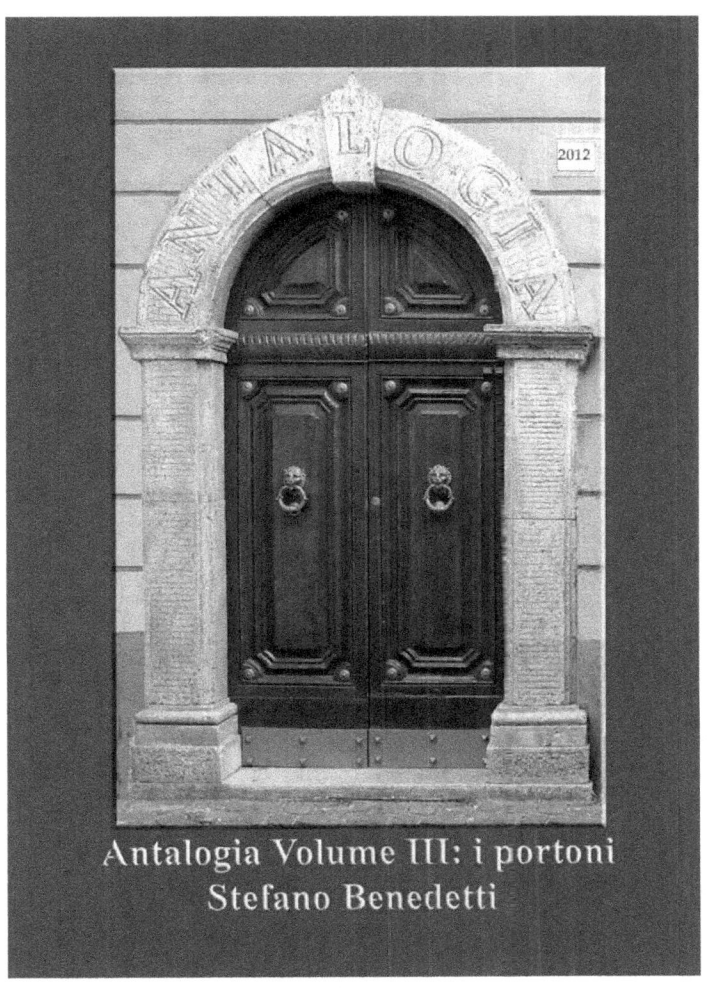

Antalogia Volume III: i portoni
Stefano Benedetti

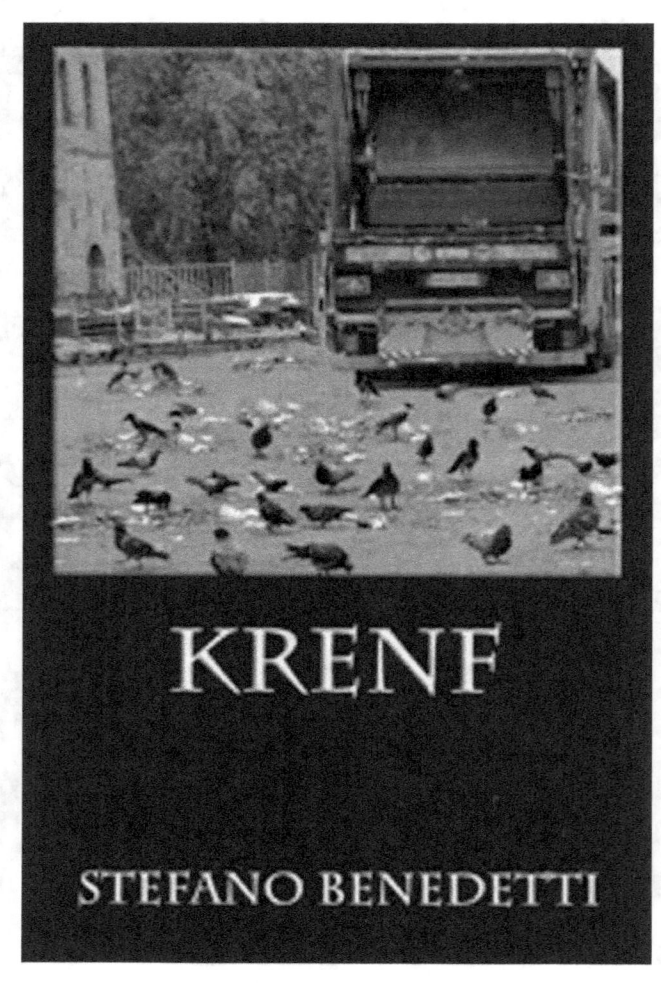

KRENF

STEFANO BENEDETTI

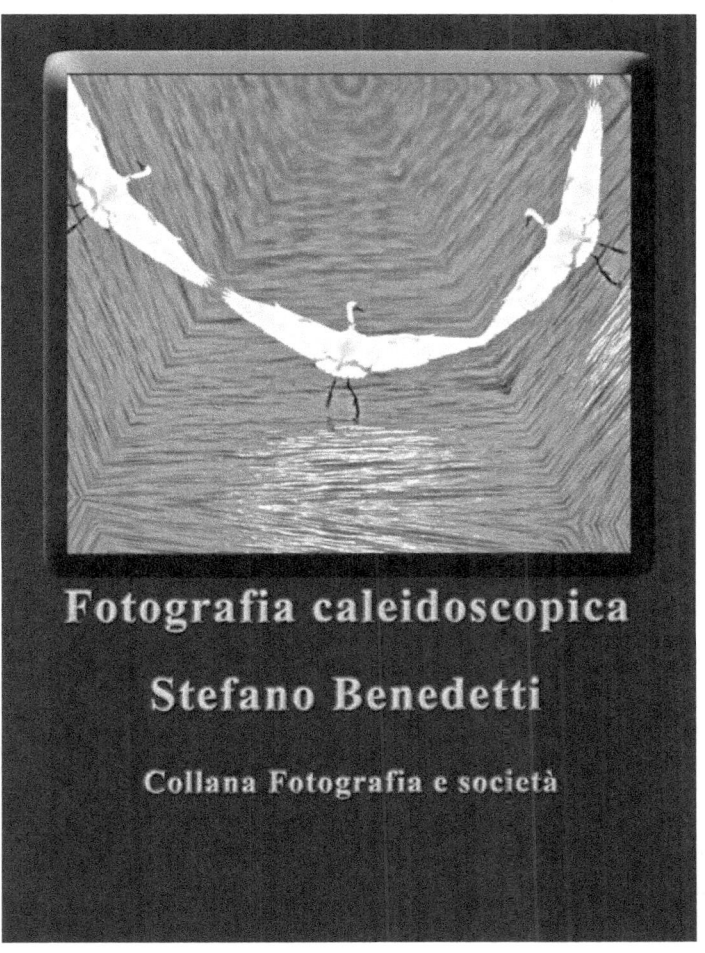

Fotografia caleidoscopica

Stefano Benedetti

Collana Fotografia e società

Painting on the screen

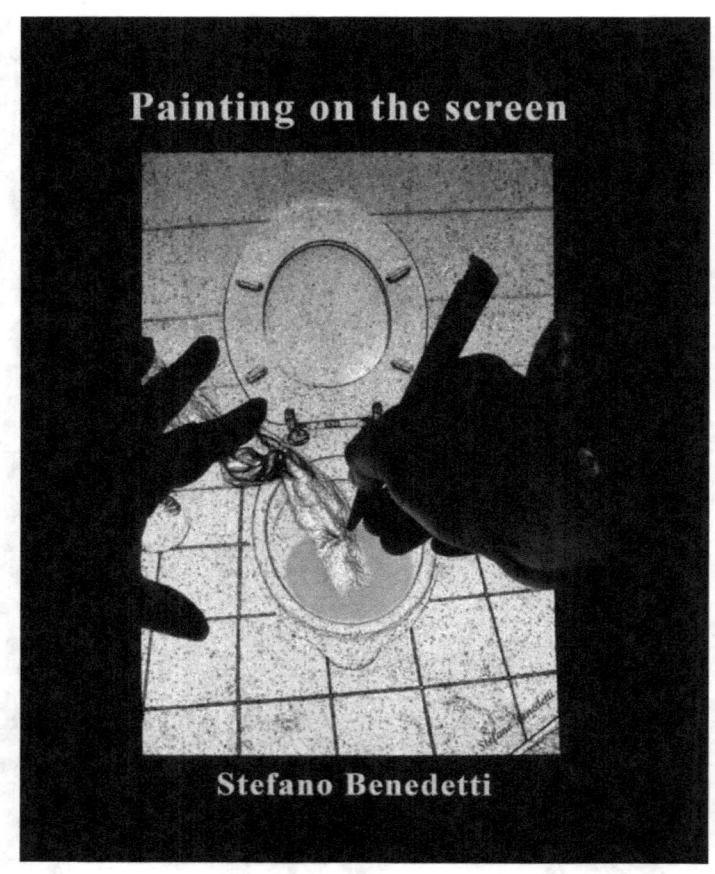

Stefano Benedetti

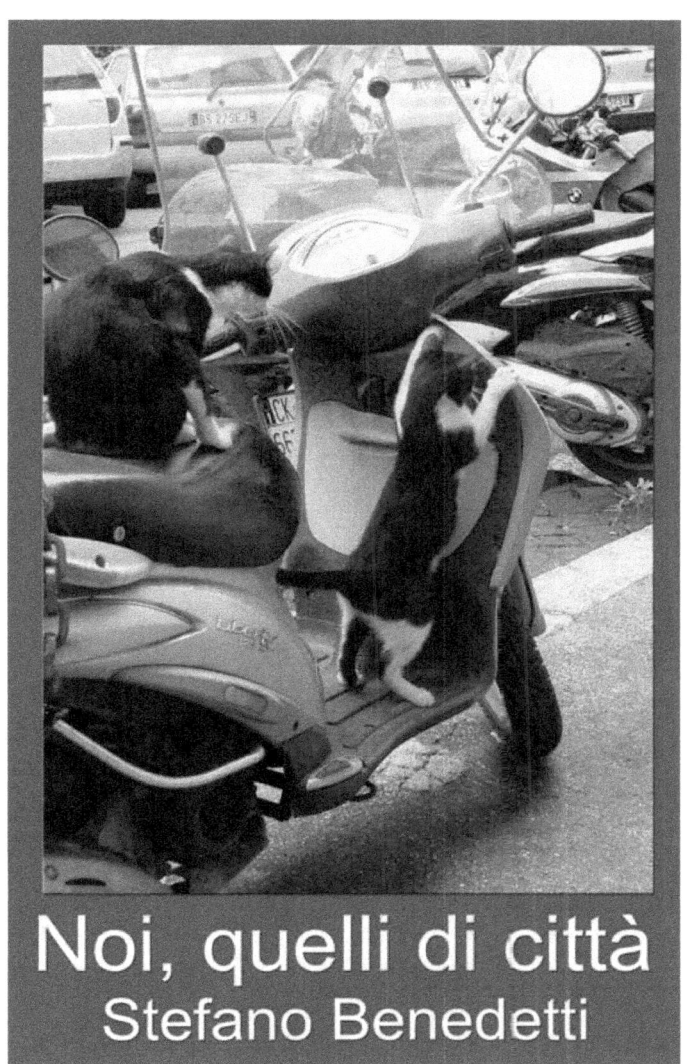

Noi, quelli di città
Stefano Benedetti

Libri di fotografia sulla street art

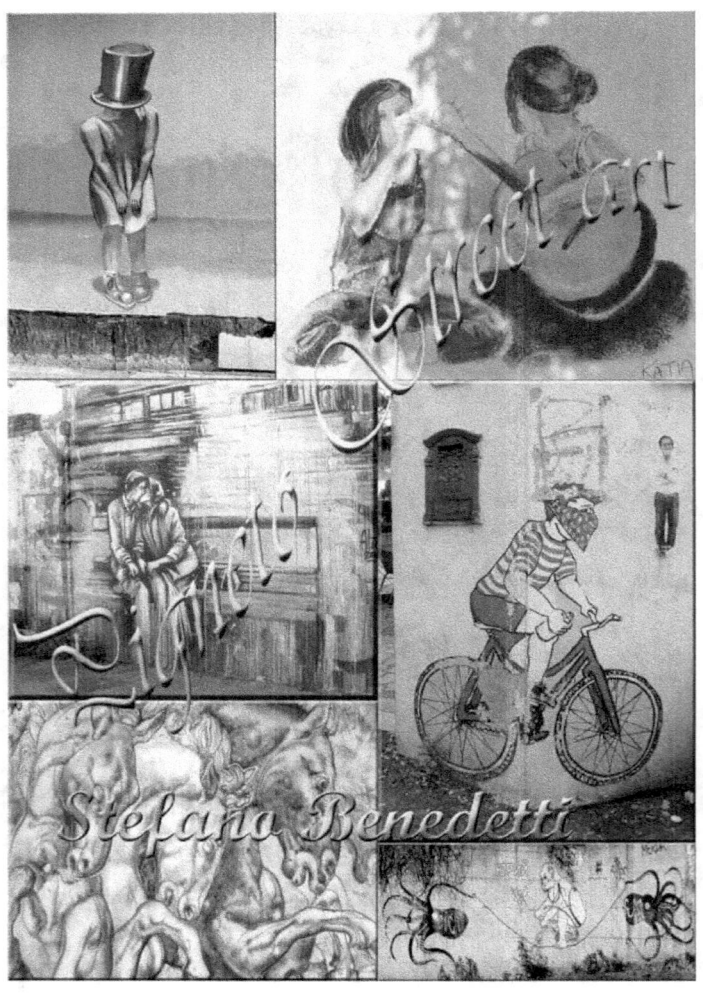

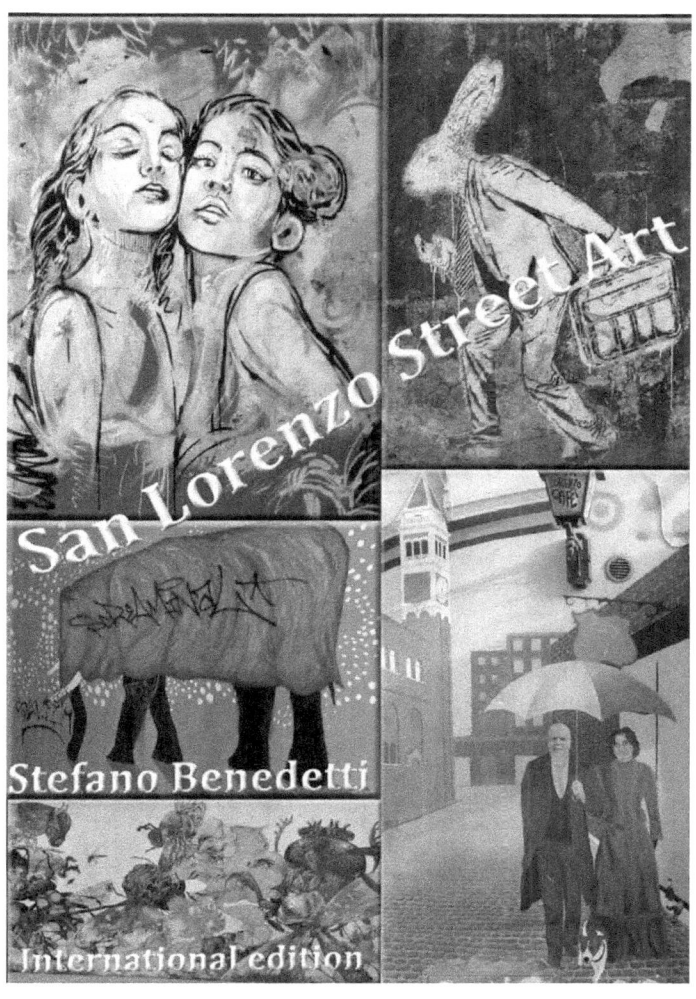

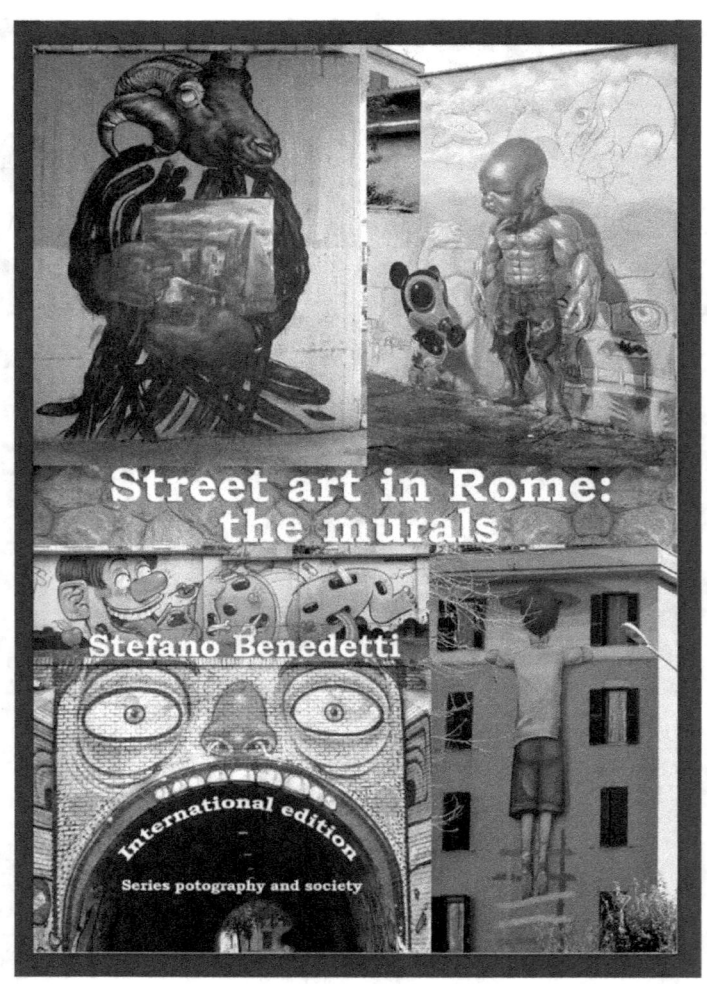

Street art in Rome:
the murals

Stefano Benedetti

International edition

Series potography and society

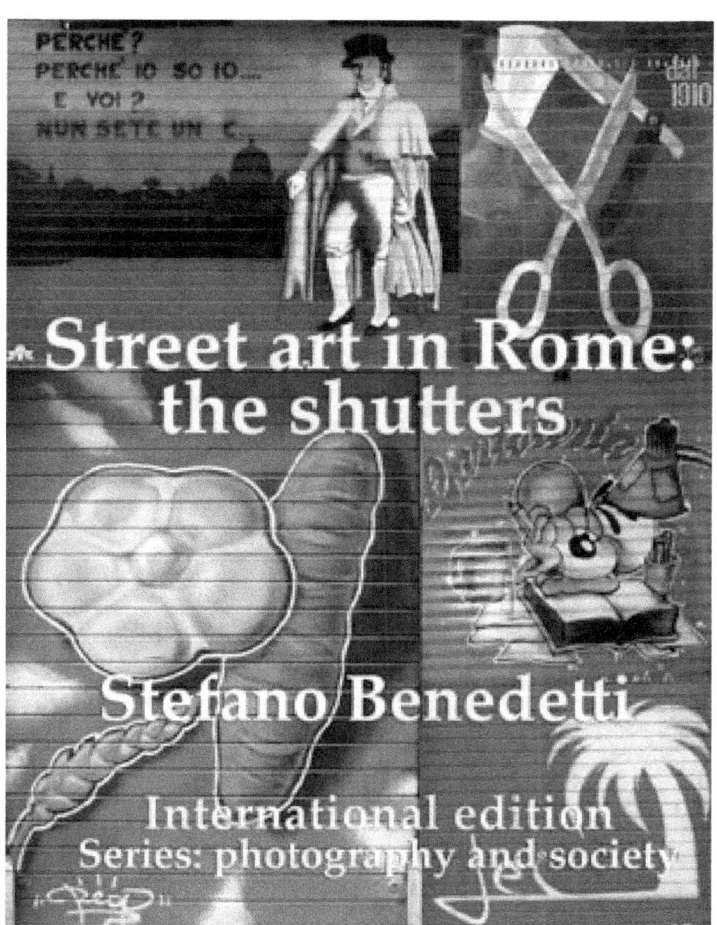

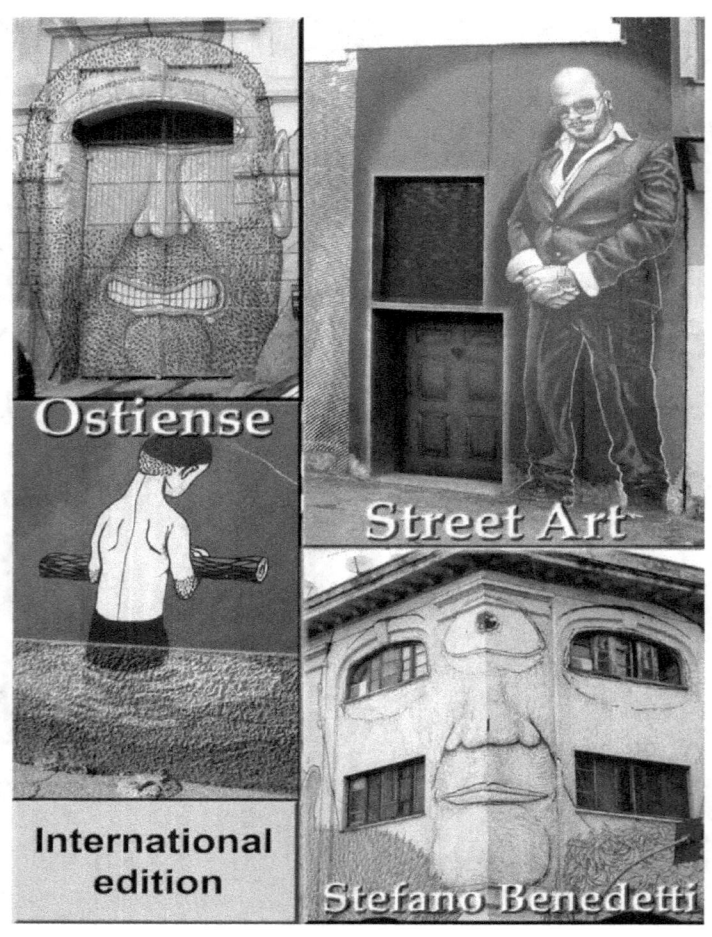

Ostiense

Street Art

International
edition

Stefano Benedetti

Libri di fotografia e testo su Roma

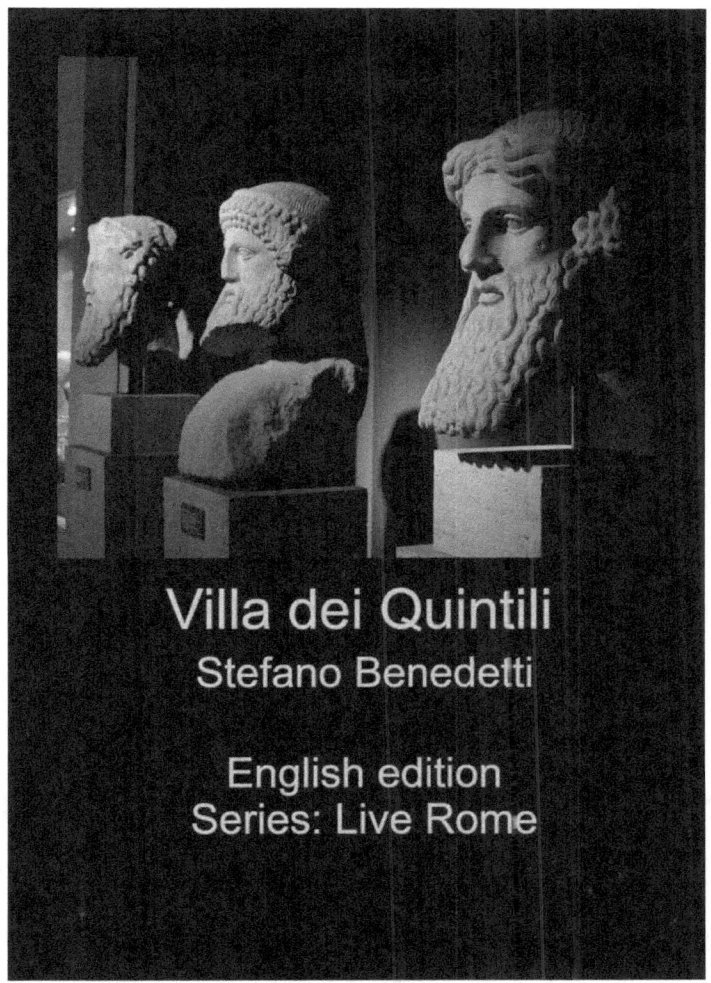

Villa dei Quintili
Stefano Benedetti

English edition
Series: Live Rome

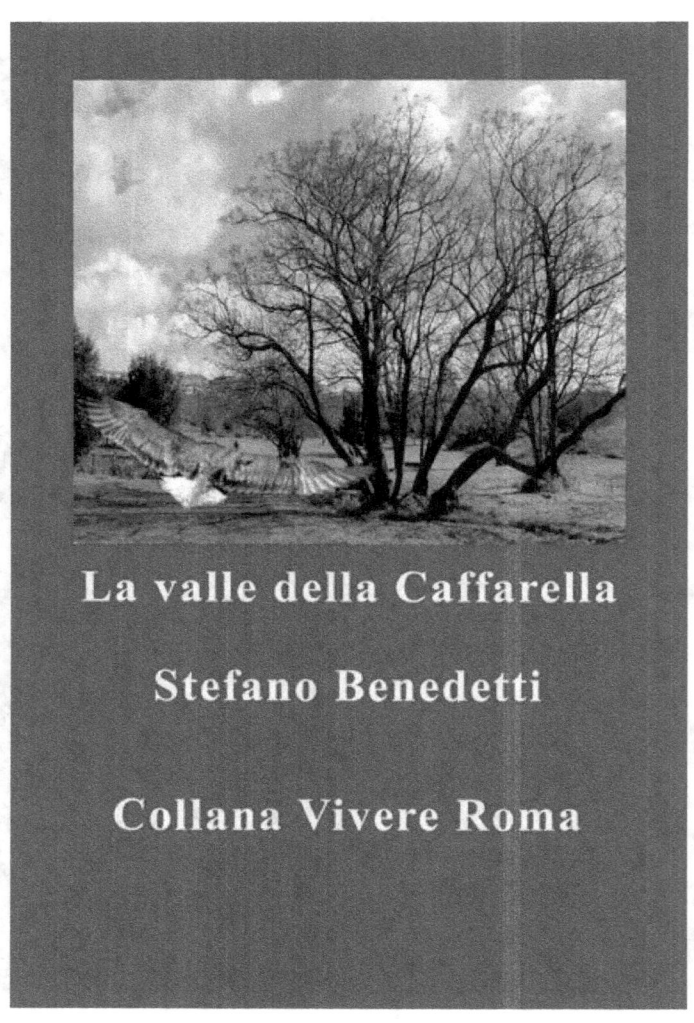

La valle della Caffarella

Stefano Benedetti

Collana Vivere Roma

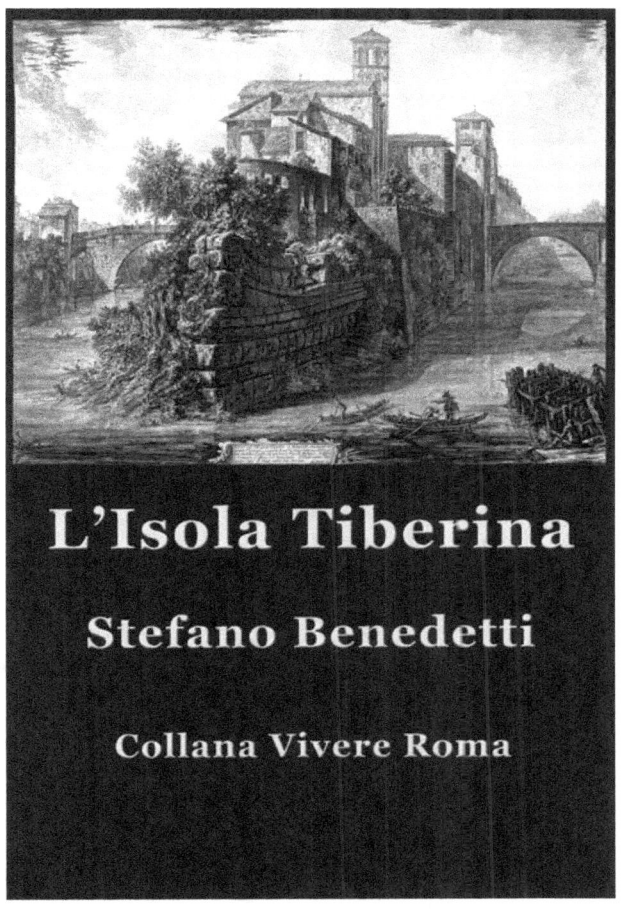

L'Isola Tiberina

Stefano Benedetti

Collana Vivere Roma

Libri sull'alimentazione

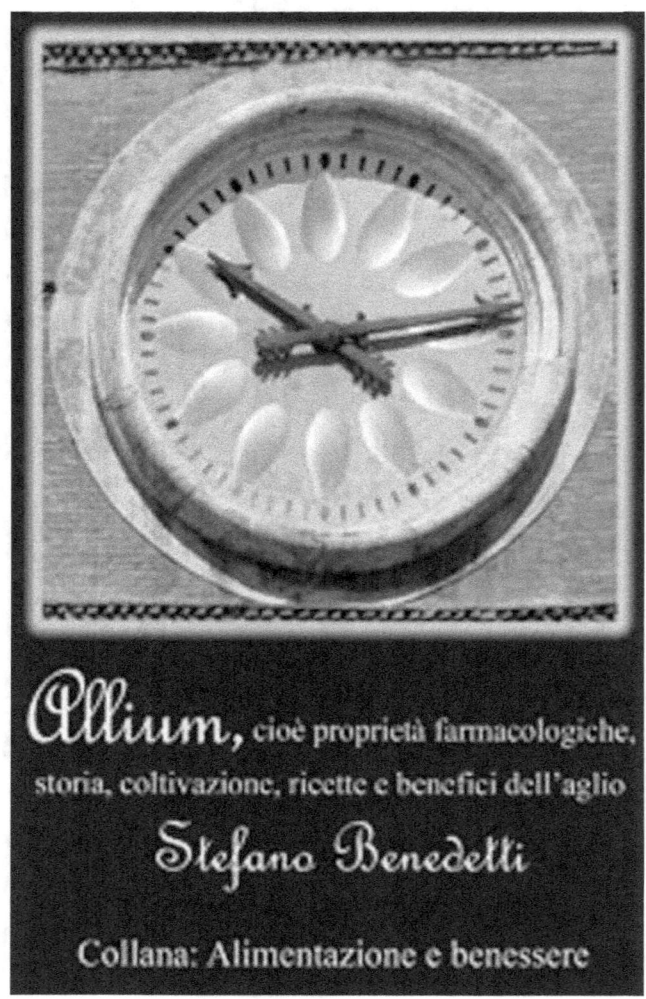

Allium, cioè proprietà farmacologiche, storia, coltivazione, ricette e benefici dell'aglio

Stefano Benedetti

Collana: Alimentazione e benessere

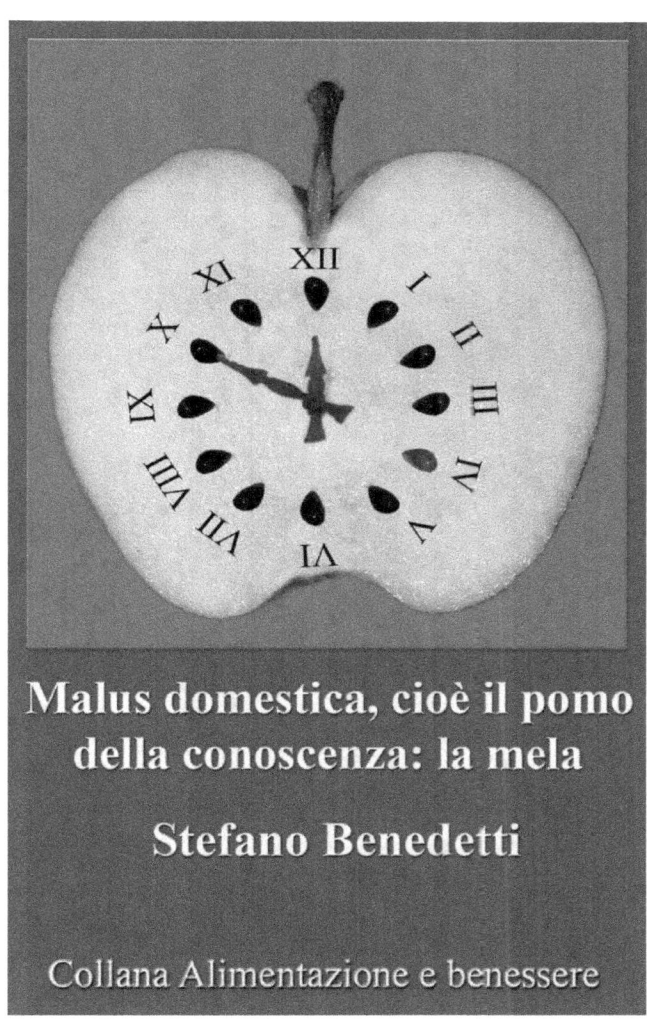

Malus domestica, cioè il pomo della conoscenza: la mela

Stefano Benedetti

Collana Alimentazione e benessere

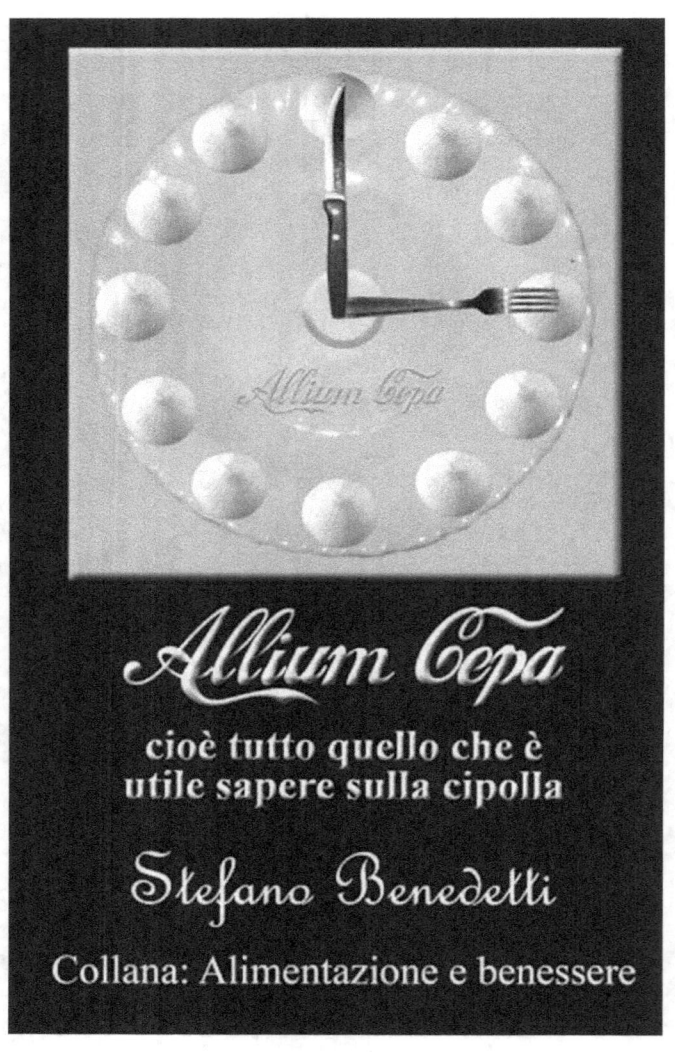

Allium Cepa

cioè tutto quello che è
utile sapere sulla cipolla

Stefano Benedetti

Collana: Alimentazione e benessere

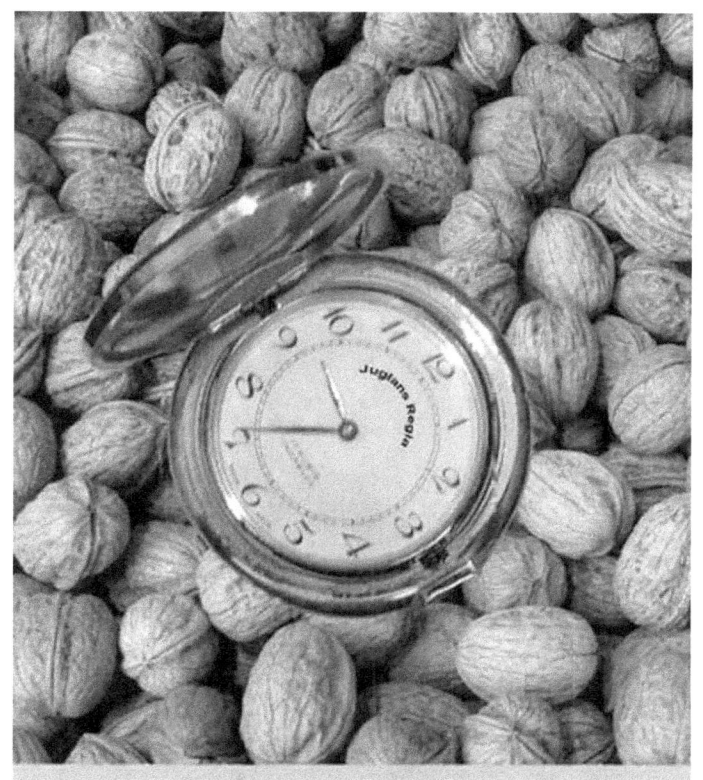

**Juglans Regia, cioè la ghianda
di Giove più importante: la noce**

Stefano Benedetti

Collana Alimentazione e benessere

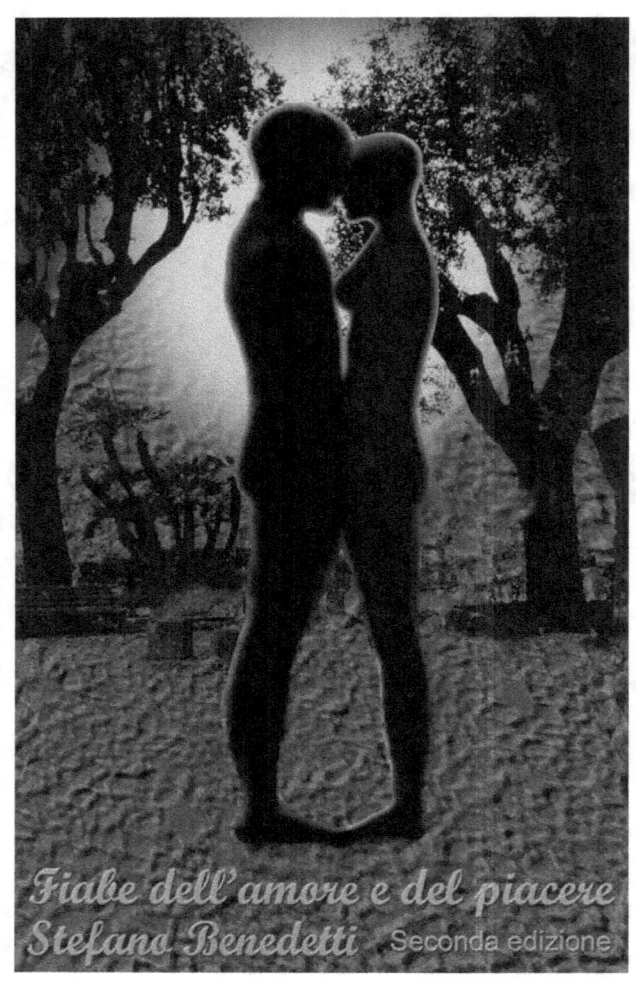

Fiabe dell'amore e del piacere
Stefano Benedetti — Seconda edizione

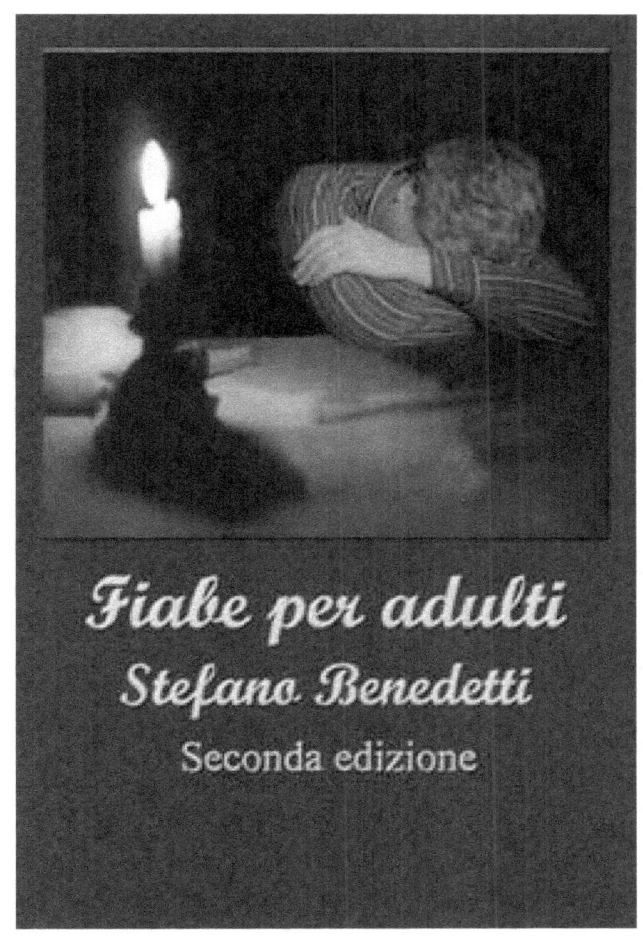

Fiabe per adulti

Stefano Benedetti

Seconda edizione

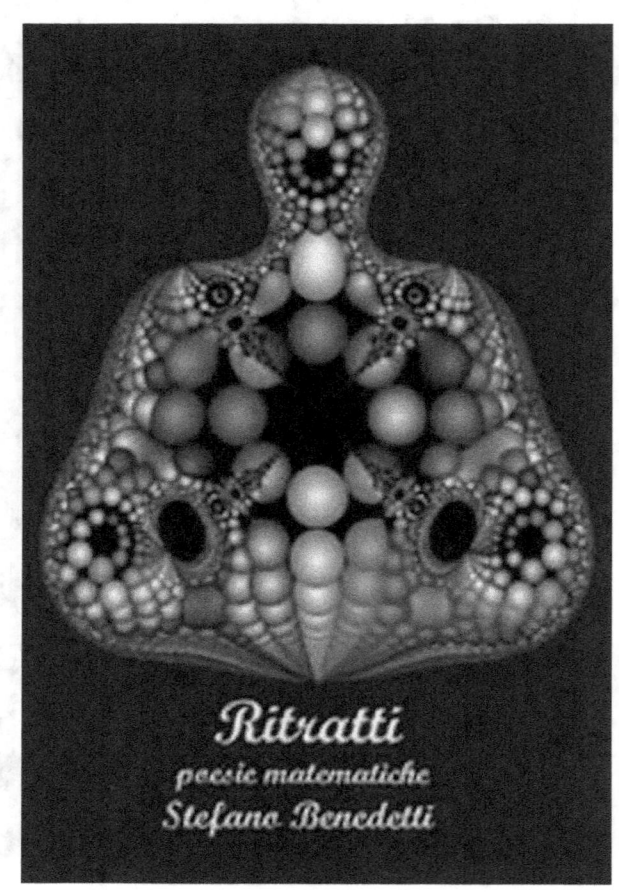

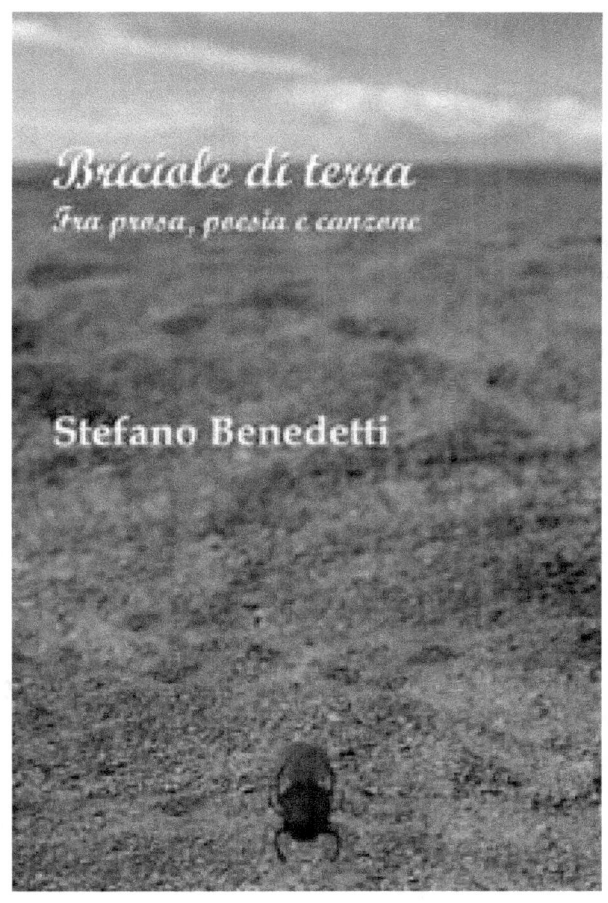

Briciole di terra
Fra prosa, poesia e canzone

Stefano Benedetti

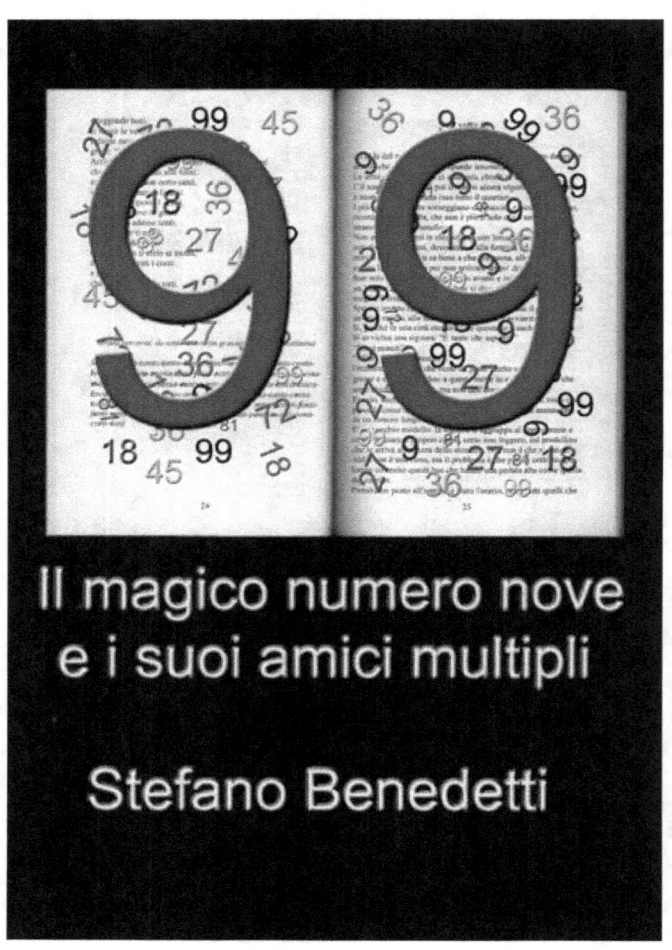

Il magico numero nove
e i suoi amici multipli

Stefano Benedetti

Distribuzione dei libri

I libri in versione e-book e cartacea sono distribuiti in tutto il mondo da Amazon e Createspace.

Molti sono anche distribuiti da Kobo, Ilmiolibro, Ibs e tanti altri store nazionali e internazionali.